장영실

국립중앙도서관 출판예정도서목록(CIP)

장영실 : 조선의 하늘과 시간을 찾다 / 정명섭 [지음]. --
파주 : 청아출판사, 2016
    p. ;   cm

참고문헌 수록
ISBN 978-89-368-1078-8 03900 : ₩10000

한국 현대 소설[韓國現代小說]
역사 소설[歷史小說]

813.7-KDC6
895.735-DDC23   CIP2016000315

장영실

초판 1쇄 인쇄 · 2016. 1. 11.
초판 1쇄 발행 · 2016. 1. 22.

지은이 · 정명섭
발행인 · 이상용 이성훈
발행처 · 청아출판사
출판등록 · 1979. 11. 13. 제9-84호
주소 · 경기도 파주시 회동길 363-15
대표전화 · 031-955-6031 팩시밀리 · 031-955-6036
E-mail · chungabook@naver.com

ISBN 978-89-368-1078-8 03900

* 값은 뒤표지에 있습니다.
* 잘못된 책은 구입한 서점에서 바꾸어 드립니다.
* 본 도서에 대한 문의사항은 홈페이지나 이메일을 통해 주십시오.
·

장영실

[조선의 하늘과 시간을 찾다]

정명섭 지음

청아출판사

"과인의 눈과 손이 되어 주게.
그래서 조선의 하늘과 시간을 만들어 주게."

儀表創製

목차

똥지게꾼 장영실

"원나라 거지새끼!"

"엄마는 천한 기생이래!"

아이들이 놀리는 노랫소리가 길게 이어졌다. 몇 번이고 돌아서고 싶었지만 꾹 참으라는 어머니의 말이 귓전을 울려 댔다.

똥이 가득 든 똥장군을 짊어져야 한다는 사실이 너무나 싫었다. 하지만 그가 할 수 있는 것이라고는 이런 일이 고작이었다. 아버지가 원나라 출신에 어머니는 관기였으니까 말이다. 걸음이라도 빨리 옮겨서 이 자리를 벗어나고 싶었지만, 무거운 똥장군 탓에 생각만큼 빨리 움직일 수가 없었다. 그럴수록 아이들의 놀림 소리는 더욱 커졌다.

"똥 같은 애라서 똥을 짊어지고 간대요!"

부글거리는 속을 참고 겨우 걸어가는데 아이들 중 한 명이 던진 돌이 뒤통수에 맞았다. 참다못한 장영실이 고개를 돌리는데 지나가던 장사꾼이 기겁을 하면서 몸을 피했다. 그 바람에 주춤거리던 장영실은 질퍽한 바닥에 미끄러졌다. 엉덩방아를 찧으면서 똥장군을 틀어막은 짚 뭉치가 떨어졌다. 사방에 냄새가 퍼져 나가자 지나가던 행인들이 일제히 코를 싸쥐고 발걸음을 재촉했다. 아이들은 그런 모습을 보면서 배꼽을 잡았다.

"아이고, 똥지게꾼이 똥을 밟고 넘어졌대요."

땀인지 눈물인지 모르는 것 때문에 손가락질을 하며 웃어 대는 아이들의 얼굴이 뿌옇게 흐려졌다. 인상을 쓰면서 일어난 장영실은 넘어지는 바람에 끊어진 짚신을 보고 중얼거렸다.

"네 신세나 내 신세나 똑같네."

그러고는 지게에 실린 똥장군을 양손으로 번쩍 들어서 바닥에 내동댕이쳤다. 똥장군이 산산조각 나면서 안에 든 똥이 사방으로 튀었다. 그러자 시장을 오가던 사람들이 기겁을 하면서 물러났다. 양손에 똥을 잔뜩 움켜쥔 장영실은 내내 쫓아오면서 놀리던 아이들에게 소리쳤다.

"그래, 똥 맛 좀 봐라."

아이들은 비명을 지르면서 뒷걸음질을 쳤다. 하지만 장영실은 아이들의 얼굴과 몸에 손에 든 똥을 묻혔다. 똥이 묻은 아이들의 비명소리가 하늘 높이 퍼져 나갔다.

蔣英實

∎측우기 測雨器

세종 23년(1441)에 호조가 설치를 건의하였고, 이듬해 5월 한양과 각 도 군현에 설치했다. 금속으로 만든 원통형 기구에 빗물을 받아 강우량을 측정하는 데 사용하였다. 표준화된 기구를 이용해 전국에서 우량을 측정한 것은 세계사를 통틀어 최초였으니, 유럽에서는 17세기 이후에 측우기를 만들어 사용하였다.

짚신 같은 운명

대청에 앉은 어머니는 한 손으로 이마를 짚은 채 아무 말도 없었다. 마당에 무릎을 꿇고 앉아 있던 장영실 역시 마찬가지로 입을 다물고 있었다. 긴 한숨을 쉰 어머니가 고개를 돌리자 장영실은 약간 벌려졌던 무릎을 가지런히 모았다.

"영실아, 네가 올해 몇 살이냐?"

"열다섯입니다."

"그렇지. 이제 좀 있으면 장가가서 애를 낳을 나이지. 그런데 하는 짓이라고는 어른한테 대들기는 예사고, 툭 하면 주먹질이니, 누가 너한테 시집을 오겠니? 오늘은 애들한테 똥을 뒤집어씌웠다고?"

"그게 아니오라……."

"그게 아니면? 내가 몇 번이나 말을 했느냐! 참아야 한다고."

참아야 한다는 어머니의 말에 장영실은 허벅지에 올린 두 주먹을 불끈 쥐었다. 어머니와 아버지라는 말을 알기 전부터 듣던 말이었다. 마음속에서 울컥 치밀어 오른 장영실이 물었다.

"그럼 저보다 한참 어린 것들이 놀리는데 그냥 참아야 한다는 겁니까?"

"참지 않으면? 지금처럼 내키는 대로 살면 마음이 편하겠느냐?"

대청에서 내려와 마당에 있는 장영실 앞에 앉은 어머니가 간곡하게 말했다.

"네 아버지는 원나라 사람이고, 나는 관청에 속한 기생이란다. 그러니 우리 둘 사이에서 태어난 너는……."

고개를 비스듬하게 들어 올린 장영실이 대꾸했다.

"사람도 아니라 이거죠?"

"그 뜻이 아니라는 거 알잖니."

"참아라! 참아야 한다! 참아야만 한다! 전 대체 언제까지 참아야 합니까? 언제까지 사람대접도 못 받고, 이마에 피도 안 마른 애새끼들한테 놀림을 받아야 합니까? 참으면 뭐가 나아집니까? 장가요? 누가 저한테 오겠습니까? 어미는 기생이고 아비는 저 멀리 원나라에서 온 비렁뱅이……."

"이놈아!"

짝 소리와 함께 뺨에 불이 났다. 장영실의 뺨을 때린 어머니의 손끝이 부들부들 떨렸다.

"너를 낳아 준 분이다. 함부로 말하지 마라."

장영실은 눈물을 꿀꺽 삼켰다.

"한 가지만 물어볼게요. 어머니, 왜 저를 낳으셨습니까?"

"영실아!"

그는 품에서 꺼낸 끊어진 짚신을 어머니에게 보여 주면서 말했다.

"이 짚신처럼 쓸모없는 게 바로 접니다."

"사람은 누구나 쓸모가 있는 법이다."

어머니의 한 서린 말에 장영실은 아무 대꾸도 하지 않고 일어서서 발걸음을 돌렸다. 막 싸리문을 나서는데 어머니의 말이 뒤통수에 달라붙었다.

"내일부터 관아의 질청(秩廳)*에 가 봐라."

"관아는 왜요? 통인(通引)** 노릇은 안 한다고 했잖아요."

짜증 섞인 말투로 묻자 어머니가 고개를 절레절레 저었다.

"지통통인(紙筒通引)***을 두들겨 팼으니까 어차피 거기서도 널 받지 않을 게다."

"그럼 문졸(門卒) 시켜 준대요?"

반색을 한 장영실이 물었다. 까치등거리를 입고 창을 든 채 관아의 문을 지키는 문졸은 신분이 낮긴 했지만 아무도 무시하지 못했다.

"낸들 아냐. 형방(刑房) 나리께서 찾으셨다는구나."

"뭔지 알려 주지도 않고 오라 가라 하는 법이 어디 있어요."

---

* 관아의 아전이나 구실아치들이 사무를 보는 공간
** 관아에서 허드렛일이나 심부름을 하는 아이
*** 통인 중 나이가 든 우두머리

입을 삐죽 내민 장영실에게 어머니가 어처구니없다는 표정을 지었다.

"관노가 관청에서 부르면 가 봐야지. 내가 어떻게든 밖에서 일을 시키려고 했는데 하는 일마다 사고를 치니 차라리 관아에서 일하는 게 좋겠다. 가서 뭘 시키든 열심히 해라. 그럼 최소한 놀림을 받지는 않을 게다."

대답 대신 고개를 끄덕거린 장영실은 문을 닫고 밖으로 나갔다. 그런 아들의 모습을 본 어머니는 깊은 한숨과 함께 몸을 일으켰다.

바닷가에 앉아서 붉은색 댕기를 만지작거리던 분이가 물었다.

"오늘 똥으로 사고 쳤다면서?"

그녀의 말에 수양버들을 입에 물고 있던 장영실이 피식 웃었다.

"사고는 무슨, 버르장머리 없는 애들한테 본때를 좀 보여 줬지."

"언제까지 그렇게 살 거야?"

"그만해라. 안 그래도 어머니한테 한소리 들었다."

질경질경 씹고 있던 수양버들을 빼서 신경질적으로 내던진 장영실이 손으로 이마를 짚었다.

"내가 뭘 하든 사람들은 원나라 사람인 아비와 관기인 어미에게서 태어난 천한 신세라고 손가락질하기 바빠."

"그거야 뭐, 어쩔 수 없는 일이지. 하루 이틀 일도 아니고 말이야."

"왜 내가 잘못한 것도 아닌데 손가락질을 받아야 하는데?"

"다들 그렇게 살잖아. 그러니까 성질 좀 죽여. 어머니가 불쌍하지
도 않아?"

벌떡 일어난 장영실이 대답했다.

"일 없어. 나 내일부터 관아에서 일하니까 자주 보겠네."

"정말? 어디서?"

"나도 잘 모르겠어. 문졸을 시켜 주면 좋겠는데 말이야."

"그러게."

분이가 맞장구를 쳐 주자 기분이 좋아진 장영실은 도로 그녀 옆
에 앉았다. 두 사람이 앉아 있는 곳까지 밀려온 파도가 하얀 거품을
남긴 채 물러났다.

오작인이 되다

다음 날, 아침 일찍 어머니가 차려 준 밥을 먹은 장영실은 옷매무새를 가다듬고, 귀걸이를 하고* 동래 관아로 향했다. 관아의 외삼문을 지키고 있던 문졸이 의기양양하게 걸어오는 장영실을 보고 아는 척을 했다.

"너는 퇴기 매향이 아들 영실이가 아니냐?"

"네. 맞습니다."

"지난번에 지통통인을 두들겨 패고 나가서 똥 푸는 일을 한다더니 여긴 또 어쩐 일이냐?"

누런 이를 드러내며 웃어 대는 문졸을 보니 짜증이 났지만 꾹 참고 공손하게 대답했다.

"형방 나리를 만나러 왔습니다."

"질청으로 가 보거라."

"혹시 무슨 일로 절 불렀는지 아십니까?"

"질청 뒷간이 넘쳤나 보지."

입맛을 다신 장영실은 꾸벅 인사를 하고는 관아 안으로 들어갔다. 어머니가 관아에 매인 몸이라 어린 시절부터 자주 드나들던 곳이었다. 하지만 보통 사람들에게는 저승길보다 더 드나들기 어려운 곳이 바로 관아였다.

외삼문을 들어서자마자 보이는 헐소(歇所)는 이런저런 일로 관아를 찾은 백성들이 기다리는 곳이었다. 비나 겨우 막을 정도의 작은 움막 같은 헐소 주변에는 백성들 몇 명이 서성이고 있었다. 그곳을 지나자 관기들이 머무는 교방(敎坊)이 보였다. 어머니가 오랫동안 있던 곳이라 제법 익숙한 곳이기도 했다. 분이가 있는지 살펴보려고 잠시 발걸음을 늦췄지만 찾을 수 없었다.

질청은 교방 바로 옆에 붙어 있었다. 아전들은 모두 홍단령(紅團領)**에 평정건(平頂巾)*** 차림이었다. 눈치껏 살펴보다가 형방을 발견한 장영실은 그쪽으로 발걸음을 옮겼다. 질청의 기둥 앞에 서서 간찰(簡札)을 읽고 있던 형방은 장영실이 다가와 꾸벅 인사하자 고개를 들었다.

"왔구나."

"부르신다는 말씀을 들었습니다."

한쪽 눈을 찡그린 채 장영실의 모습을 살펴본 형방이 중얼거렸다.

---

* 조선 시대에는 임진왜란 시기까지 남자들도 귀걸이를 착용했다.
** 하급 관리가 입는 붉은색 관복
*** 녹사나 서리, 아전들이 착용한 앞이 낮고 뒤가 높은 관모

"그동안 제법 컸구나. 이 정도 덩치면 할 만하겠어."

드디어 문졸을 시켜 주는 게 틀림없다고 지레짐작한 장영실은 터져 나오는 웃음을 애써 참았다.

"뭐든 시키는 대로 열심히 하겠습니다."

"그런 놈이 지통통인을 두들겨 패? 잔소리 말고 따라오기나 해."

장영실은 헛기침을 하고 앞장선 형방의 뒤를 따랐다. 부군당(府君堂)*을 지나서 감옥으로 가는 걸 확인한 장영실의 기대감은 더욱 부풀어 올랐다. 문졸이 되면 버르장머리 없는 애새끼들이 따라다니면서 놀릴 때 잡아다가 혼쭐을 낼 수 있다는 생각에 점점 발걸음이 가벼워졌다.

돌로 쌓은 담장 한쪽에는 한 사람이 겨우 드나들 수 있는 작은 문이 있었다. 지키고 있던 문졸이 형방을 보고는 한쪽으로 물러났다. 형방을 따라 감옥 안으로 들어간 장영실은 눈앞에 펼쳐진 풍경을 보고는 저도 모르게 눈살을 찌푸렸다. 굵은 통나무를 촘촘하게 세운 감옥 안에는 봉두난발에 칼을 쓴 죄수들이 보였다. 몇 날 며칠 동안 씻지도 못한 탓인지 퀴퀴한 냄새가 코를 찔렀다. 하지만 문졸이 되려면 어쩔 수 없다고 생각한 장영실은 애써 참았다.

형방이 그를 데려간 곳은 감옥 뒤편에 있는 다 쓰러져 가는 초가집이었다. 두 칸 남짓한 초가집에는 문조차 없어서 거적으로 대신해 놨다. 안에서 풍겨 오는 심상치 않은 냄새에 장영실은 저도 모르

---

* 관아 안에 있는 사당으로 아전들이 자신들의 신을 모시는 곳

게 뒷걸음질을 쳤다.

"여, 여긴 뭐 하는 곳입니까?"

형방은 대답 대신 초가집을 향해 소리쳤다.

"곽 씨! 안에 있는가?"

잠시 후, 부스럭거리는 소리와 함께 거적이 들렸다. 안에서 나온 사람을 본 장영실은 저도 모르게 숨을 삼키고 말았다. 머리가 하얗게 세고 등이 고목나무처럼 굽은 노인은 마치 걸어 다니는 송장 같았다. 한쪽 눈은 백태가 끼었고, 앙상하고 깡마른 몸에서는 시체에서 나는 것 같은 끔찍한 냄새가 풍겼다. 무심코 시선을 내린 장영실은 노인의 두 손이 온통 피투성인 것을 보고 비명을 질렀다.

"으악!"

펄쩍 놀란 장영실은 뒷걸음질로 물러나다가 발이 엉켜서 꼬꾸라지고 말았다. 그 모습을 본 형방과 곽 씨 노인이 껄껄거리면서 웃었다. 형방이 곽 씨에게 건네는 말을 들은 장영실은 차라리 악몽이기를 바랐다.

"간 큰 놈이 필요하다고 해서 특별히 골랐네. 저 녀석을 데려다 쓰게나."

형방이 돌아간 후, 곽 씨 노인은 구부정한 몸을 기울여서 장영실을 내려다봤다.

"올해 몇 살이냐?"

"여, 열 다, 다섯입니다. 어르신. 저는 몸이 야, 약하고 겁도 많습니다."

"괜찮다. 할 일이 많으니까 어서 따라 들어오너라."

"하, 할 일이라니요?"

장영실의 반문에 곽 씨 노인이 고개를 갸우뚱거렸다.

"형방에게 얘기 못 들었느냐? 너는 앞으로 나를 도와서 오작인(仵作人)*노릇을 할 게다."

"오, 오작인이라면 시체를 만지는 거 아닙니까?"

"그렇지. 변사체들을 살펴서 왜 죽었는지를 살피는 것이 오작인이 할 일이지."

두려움에 떨다가 분노에 도달한 장영실은 버럭 소리를 질렀다.

"그, 그걸 왜 제, 제가 합니까?"

"시신을 만지는 일을 좋아하는 사람이 어디 있겠느냐? 그저 힘없고 줄 없는 구실아치가 해야지. 내가 지난 20년간 했는데 나이가 들어서 눈도 침침하고 손에 힘이 없어서 도와줄 사람이 필요하다고 했지."

"그게 저라고요?"

장영실의 반문에 곽 씨 노인은 누런 이를 드러내며 웃었다.

"보아하니 너도 나랑 비슷한 신세인 거 같구나."

---

* 지방 관아에 속한 구실아치로 시신을 검시하는 일을 했다.

"죄, 죄송한데 다른 사람을 찾아보세요."

"형방이 아마 네 이름을 오작인으로 올렸을 게다. 이 일을 안 한다고 하면 아마 망나니를 시킨다고 할 걸."

"망나니요!"

불현듯 어린 시절 장터에서 목이 뎅겅 잘린 죄수를 보고는 며칠 동안 악몽을 꾼 기억이 떠올랐다. 바짝 겁에 질린 장영실이 마른침을 꿀꺽 삼키자 곽 씨 노인이 손을 내밀었다. 그 손을 잡은 장영실은 노인의 손힘이 생각보다 센 것을 느꼈다. 엉덩이에 묻은 흙을 털어 낸 장영실은 따라오라는 곽 씨 노인의 손짓에 이끌려 허름한 초가집 안으로 들어갔다.

집에는 다른 집처럼 대청이나 방이 없고 창고 같은 형태로 지어져 있었다. 창이 없어서 한낮임에도 어두컴컴했다. 기름으로 켠 등잔불이 구석에서 빛을 발하고 있어서 겨우 주변을 알아볼 수 있었다. 가장 먼저 눈에 띈 것은 작은 나무로 깎은 조각들이었다. 마치 살아 있는 것 같은 사람의 얼굴부터 매나 호랑이 같은 짐승들이 엄지손가락만 하게 조각되어 있었다. 조각들을 하나씩 살펴보던 장영실이 물었다.

"우와! 이거 직접 만드신 거예요?"

"그럼, 누가 만들었겠냐."

장영실은 무섭게 생긴 외모와는 달리 섬세한 구석이 있다고 생각했다. 앞서 들어간 곽 씨 노인이 탁자 위에 놓인 거적을 둘둘 걷었다. 어깨 너머로 살펴보던 장영실은 까맣게 썩어들어가는 시체인 것을 확인하고 눈을 찔끔 감고 만다. 그런 장영실의 모습을 본 곽 씨 노인이 혀를 찼다.

"앞으로 시체는 죽어라고 많이 볼 텐데 벌써부터 그러면 어쩌누?"

"시체를 보는 게 좋은 일은 아니잖아요."

장영실의 볼멘소리에 곽 씨 노인이 콧방귀를 뀌었다.

"보는 게 좋은 게 아니라면 죽는 건 더더욱 그렇지. 여기 들어온 사람들은 모두 제명에 죽은 사람들이 아니다. 여기 이 사람은 동네 친구와 싸우다가 명치를 걷어차이고 갑자기 쓰러져 죽고 말았지. 술을 좋아했고, 아이가 둘 있었는데 아내와도 금슬이 좋았단다."

죽은 사람의 사연을 듣자 차츰 두려움이 가셨다. 그런 장영실의 표정을 살핀 곽 씨 노인이 구석에 놓인 작은 종지를 내밀었다.

"돼지기름이다. 코 밑에 바르면 냄새가 덜할 게다."

손가락으로 미끈거리는 기름을 찍어서 코 밑에 바른 장영실은 심호흡을 했다. 그러고는 신기하다는 표정으로 말했다.

"정말 냄새가 안 나는데요."

"처음에는 솜으로 코를 틀어막기도 했고, 천으로 코와 입을 가려 보기도 했단다. 하지만 결국 돼지기름이 가장 효과가 좋았지."

"번거롭지 않았어요?"

"뭐가 말이냐?"

"이것저것 방법을 찾아봤던 거요. 보통은 그냥 한두 가지 방법만 써 보고 말잖아요."

뜻밖의 질문이라는 듯 눈을 동그랗게 뜬 곽 씨 노인이 대나무로 만든 시렁에서 짚으로 짠 광주리를 꺼냈다.

"번거롭고 귀찮다고 포기하면 더 좋은 방법을 찾을 수가 없단다. 사람은 늘 경험에 의존하기 때문에 자기가 하는 일이 얼마나 불편한지 모르지. 하지만 그런 식으로 매번 넘어가면 더욱 편리하고 좋은 방법을 찾지 못하게 되지."

장영실은 곽 씨 노인의 말에 점차 빠져들었다. 광주리를 시신이 눕혀져 있는 탁자 모서리에 내려놓은 곽 씨가 얘기를 이어 갔다.

"세상 모든 일이 다 그렇단다. 계속 고민을 해야 더 좋은 결과를 얻을 수 있는 법이다."

고개를 끄덕거리던 장영실은 광주리 안에 든 것들을 봤다. 나무껍질, 은비녀와 천들이 들어 있었다.

"이것들은 다 뭡니까?"

"뭐긴, 법물(法物)*이지."

"법물이요?"

"죽은 사람의 사인을 밝히는 데 도움을 줄 물건들이야. 이건 쥐엄나무란다. 내일 사또 어르신이 지켜보는 가운데 검시를 할 거란다. 오늘은 그 준비를 해야 하니까 날 좀 도와다오."

"어떻게 하면 되는데요?"

"뒤에 가면 작은 솥을 돌에 괴어 놓은 데가 있다. 물을 길어 와서

---

* 시신을 검시할 때 사용하는 여러 가지 물품들

솥에 절반쯤 채우고 불을 붙일 준비를 하여라."

"네."

밖으로 나온 장영실은 참았던 숨을 내쉬었다. 처음보다는 덜했지만 여전히 시신 곁에 있는 건 무서운 일이었다. 문 옆에 놓인 물통을 집어 들고 질청 근처에 있는 우물가로 달려간 장영실은 물을 가득 퍼서 초가집 뒤쪽으로 돌아갔다. 곽 씨 노인의 말대로 큰 돌에 가마솥을 괴어 놓은 게 보였다. 돌 아래에는 나무가 불탄 흔적이 보였다. 솥을 열고 물을 부은 장영실은 장작들을 쌓은 다음, 가지고 온 부싯돌로 불을 붙였다. 열기가 치솟으면서 솥에 든 물이 부글부글 끓기 시작했다. 그러자 어느 틈엔가 장영실 뒤에 선 곽 씨 노인이 광주리 안에 들어 있던 나무껍질을 물속에 넣었다. 연기를 피해 고개를 돌린 장영실이 물었다.

"뭐 하시는 겁니까?"

"쥐엄나무를 끓이는 것이다."

"이게 죽은 사람의 사인을 밝히는 일과 무슨 연관이 있다는 말씀이십니까?"

"아주 결정적인 역할을 한단다."

어떻게 쓸지는 모르지만, 일단 중요한 일이라는 얘기를 듣고 더 묻지 않았다.

그러는 사이 나무껍질이 들어간 솥 안의 물이 제법 진해졌다. 허리를 굽힌 채 솥 안을 들여다보던 곽 씨 노인이 다시 물을 부은 다음 나뭇가지를 더 넣으라고 했다. 그렇게 물을 붓고 불을 지피면서 끓인 물은 검고 탁한 색을 띠었다. 곽 씨는 불에 타서 숯으로 변해 버린 나뭇가지들도 쇠젓가락으로 잘 긁어모아서 광주리에 따로 담았다. 뭘 하는지는 모르지만 신기하다는 생각이 든 장영실이 가만히 바라보자 곽 씨 노인이 손을 멈추고 웃었다.

"눈이 호기심으로 가득 차 있구나."

"뭘 할지 궁금해서요."

"죽음의 이유를 밝혀 낼 거다. 오작인이 하는 게 그거거든."

"죽음의 이유요?"

"그래. 낮에는 해가 뜨고 밤에는 별이 보이는 이유처럼, 사람도 죽고 사는 이유가 있는 법이지. 그런데 저 안에 있는 시신은 이유도 없이 갑자기 죽고 말았다. 그러니 그 이유를 밝혀 내야지. 그래야만 죽은 사람과 가족들이 편안해진단다."

곽 씨 노인은 숯이 든 광주리를 든 채 허리를 폈다.

"오늘 할 일은 끝났으니까 내일 아침에 다시 오너라. 검시하는 걸 옆에서 지켜보면서 차차 배워 나가면 될 거다."

"네. 그럼 내일 뵙겠습니다."

꾸벅 인사를 한 장영실은 초가집 안으로 노인이 들어가는 걸 확인하고는 발걸음을 돌렸다.

집으로 돌아온 장영실에게 기다리고 있던 어머니가 물었다.

"그래, 관아에서는 무슨 일을 시키려고 널 부른 거냐?"

"오작인을 도우래요."

생각에 잠겨 있던 장영실은 대수롭지 않게 대답했지만, 어머니는 입을 다물지 못했다.

"뭐라고! 오작인이라면 시체를 만지는 거 아니냐!"

"맞아요. 내일 검시한다고 하던데요."

"이놈의 사기꾼 같으니, 하나밖에 없는 귀한 자식을 오작인을 시켜!"

분개한 어머니가 당장이라도 관아로 달려갈 것 같은 기미를 보이자 장영실이 만류했다.

"나쁘지 않으니까 일단 해 볼게요."

"나쁘지 않긴! 오작인이 뭘 하는지 몰라서 그러는 거냐! 내가 그렇게 손이 발이 되도록 잘 부탁한다고 했건만……."

장영실은 어머니의 치맛자락을 잡았다.

"내일 검시한다고 하니까 그거까지 보고 할지 안 할지 결정할게요. 이거 안 하면 다시 똥 푸는 일 시킬 거잖아요."

"그래도 죽은 사람을 만지는 게 무섭지 않느냐?"

"전 세상이 더 무서운 걸요."

간신히 어머니를 진정시킨 장영실은 저녁상을 차려 달라는 것으로 얘기를 무마했다.

다음 날, 아침 일찍 동래 관아로 간 장영실은 곧장 감옥으로 향했다. 감옥 담장 바로 앞에는 초가집 안에서 봤던 시신이 바닥에 깔린 거적 위에 천으로 감싸인 채 눕혀져 있었다. 한쪽 구석에 쪼그리고 앉아서 법물들을 만지작거리던 곽 씨 노인이 장영실을 보더니 어서 오라고 손짓 했다.

"잠시 후에 사또와 응각참인(應參各人)*이 올 게다. 넌 옆에서 날 도와다오."

장영실은 대답 대신 고개를 끄덕거렸다. 그러면서 축축한 천에 둘러싸인 시신을 힐끔 바라봤다. 법물들을 이리저리 살피던 곽 씨 노인이 돼지기름이 든 종지를 내밀었다. 손가락으로 꾹 찍어서 코 밑에 바른 장영실은 곽 씨 노인을 도와 법물들을 꺼내 시신의 머리 맡에 내려놨다.

한창 준비하는 사이 감옥 담장의 문이 열리고 한 무리의 사람들이 들어왔다. 홍단령에 평정건을 쓴 아전들이 앞장섰고, 뒤에는 평복 차림의 백성들이 보였다. 댕기머리를 한 열 살 정도 되는 사내아이들이 시신을 보더니 어머니의 치마저고리에 매달려 비명을 질렀다. 아마 죽은 사람의 가족인 것 같았다. 들어선 일행들을 보던 장영실이 고개를 갸웃거렸다.

---

* 검시에 참여하는 아전

"사또가 안 보입니다."

곽 씨 노인이 살펴보더니 코웃음을 쳤다.

"시신을 보기 싫어서 담장 밖에 서 있겠지."

낯을 찌푸린 형방이 다가와서는 곽 씨 노인에게 말했다.

"다 모였으니 검시를 시작하게."

"사또께서 아직 안 오셨는뎁쇼?"

곽 씨 노인의 반문에 형방이 짜증을 냈다.

"담장 밖에서 듣는다고 하시네."

히죽 웃은 곽 씨 노인이 장영실에게 속삭였다.

"잘 봐 둬라."

목소리를 가다듬은 곽 씨 노인이 낭랑한 목소리로 말했다.

"검시를 시작하겠습니다. 일단 외상을 살펴보기 위해 볶은 술 찌꺼기를 온몸에 발라 뒀습니다. 한 시진쯤 지났으니까 벗겨 내겠습니다."

이야기를 마친 곽 씨 노인이 시신을 감싼 천을 벗겨 냈다. 그러자 누런 술 찌꺼기에 감싸인 시신이 보였다. 지켜보던 가족들의 울음소리가 차츰 커져 갔다. 형방 옆에 있던 젊은 서리가 대나무로 만든 붓통에서 붓을 꺼내 종이에 글씨를 쓱쓱 적었다. 시신에 얼굴을 바짝 갖다 댄 곽 씨 노인이 손짓으로 장영실을 불렀다.

"시신을 살펴보고 몸에 상처가 있는지 봐라."

"어떤 상처요?"

"뭐든 찾아. 볶은 술 찌꺼기를 몸에 바르면 작은 상처라도 잘 보이거든."

　장영실은 곽 씨 노인처럼 시신의 몸을 샅샅이 살폈다. 하지만 긁
히거나 멍이 든 흔적 몇 군데를 제외하고는 목숨을 잃을 만한 상처
는 보이지 않았다. 장영실이 고개를 젓자 곽 씨 노인이 말했다.

　"몸에 보이는 흔적들 중에서 중한 것은 보이지 않습니다. 다음은
독살 여부를 확인해 보겠습니다."

　형방이 고개를 끄덕거리자 곽 씨 노인이 장영실에게 말했다.

　"어제 쥐엄나무를 끓인 솥에 가서 안에 들어 있는 걸 가져오너
라."

　"네."

　종종걸음으로 초가집 뒤쪽으로 돌아간 장영실은 잔불에 끓고 있
는 솥으로 다가갔다. 부글거리면서 끓는 물속을 바라본 장영실이
중얼거렸다.

　"은비녀?"

　소매를 걷은 장영실은 쥐엄나무를 끓인 물속에 손을 넣어서 은
비녀를 꺼냈다. 그리고 뜨거움을 꾹 참으면서 곽 씨 노인에게 돌아
갔다. 은비녀를 건네받은 곽 씨 노인이 다른 손으로 시신의 입을 벌
려 은비녀를 천천히 쑤셔 넣었다. 그리고 옆에 있던 종이를 구겨서
은비녀가 들어간 입을 막았다. 옆에서 지켜보던 장영실이 낮은 목
소리로 물었다.

　"뭐 하시는 겁니까?"

　"은으로 독에 중독되었는지 아닌지를 살펴보는 거란다. 만약 입

안에 넣은 은비녀의 색깔이 변하면 독이 있다는 뜻이지."

"몸에 상처가 없었으니까 독살을 의심하신 거군요."

장영실의 말에 곽 씨 노인이 고개를 끄덕거렸다.

"사람이 갑자기 죽는 것은 이유가 있기 마련이지. 외상이 없으면 독살을 의심하는 건 당연한 일이다."

젊은 서리는 열심히 붓을 놀리고 있었고, 형방은 담장 쪽으로 가서 까치발을 한 채 건너편에 있는 사또에게 보고를 하는 중이었다. 무료해진 장영실은 턱을 괸 채 시신을 바라봤다. 부인으로 보이는 여인은 거의 실신 직전이었고, 두 아들은 그런 어머니의 치맛자락에 매달린 채 훌쩍였다.

법물들을 정리해서 초가집에 가져다 놓은 곽 씨 노인은 돌아와서 시신의 입을 막은 종이를 꺼냈다. 그리고 조심스럽게 입안에 쑤셔 넣은 은비녀를 꺼냈다. 장영실은 마른침을 삼킨 채 지켜봤다. 은비녀는 중간부터 아랫부분까지 검게 변색되어 있었다. 한쪽 눈을 찡그린 곽 씨 노인이 형방에게 고했다.

"은비녀의 색깔이 변한 걸로 봐서는 독약으로 인해 죽은 게 틀림없습니다."

"독약이라……."

형방이 무심하게 중얼거리는 것을 끝으로 검시가 끝났다. 오열하는 가족들이 자리를 뜨자 아전들도 약속이나 한 듯 밖으로 나갔다. 장영실은 곽 씨 노인에게 물었다.

"시신은 왜 그대로 놔두는 건가요?"

"초검(初檢)밖에 안 끝났으니까, 앞으로 두 번은 이런 과정을 거쳐야 한다."

"왜 그렇게 복잡하게 하나요?"

"살인이니까. 죽음을 다루는 건 신중해야만 해."

장영실이 고개를 끄덕이는데 형방이 다시 모습을 드러냈다. 시신 쪽을 힐끔 바라보며 얼굴을 찌푸린 형방이 곽 씨 노인에게 말했다.

"사또가 타시는 가마가 부서진 모양일세. 자네가 가서 좀 살펴보게."

"그리하겠습니다."

형방이 돌아가자 장영실이 물었다.

"가마도 고치세요?"

"가마뿐이겠느냐. 관아의 고장 난 것들은 다 내 손을 거친단다."

"재주가 많으시네요."

초가집 안에 있는 조각들을 떠올린 장영실이 중얼거렸다. 그러자 시신을 도로 거적으로 덮던 곽 씨 노인이 피식 웃었다.

"시신 옮기고 나랑 가마 고치러 가자꾸나."

"알겠습니다."

장영실은 자신을 평범하게 대해 주는 곽 씨 노인에게 어쩐지 정이 갔다. 조심스럽게 시신을 초가집 안으로 옮긴 그는 곽 씨 노인의 뒤를 따라갔다.

"영실이는 시체를 만지고 산대요."

"밤마다 시체랑 같이 잔대요."

뒤따라오는 아이들의 놀림에 아무 반응도 보이지 않던 장영실이 갑자기 발걸음을 멈췄다. 그리고 잽싸게 돌아서서는 가장 크게 놀린 아이의 양 볼을 확 움켜쥐었다.

"이 손이 방금 전까지 시체를 만지작거린 손이다. 무섭지?"

"으악! 잘못했어요. 어서 놔줘요!"

겁에 질려 울면서 발버둥 치는 아이를 보던 장영실이 씩 웃었다.

"한 번만 더 내 뒤를 따라오면 네 집 대문 앞에 시체를 던져 놓으마."

장영실이 으름장을 놓고 풀어 주자 아이는 파랗게 질린 얼굴로 먼저 도망친 친구들을 따라 사라졌다.

손을 탁탁 턴 장영실은 다시 발걸음을 옮겼다. 동래 관아에 들어선 장영실은 곧장 감옥으로 향했다. 초가집 앞에 세워진 수레를 살펴보던 곽 씨 노인이 발소리를 듣고 고개를 들었다.

"어찌 되었느냐?"

"윗목의 개자리*가 막혔습니다. 갈퀴로 긁어내서 도로 뚫었습니다."

"수고했다."

"이 수레는 뭐가 문제랍니까?"

"장구통**에서 자꾸 소리가 나면서 바퀴가 요동친다는구나."

허리를 굽혀서 수레바퀴를 살펴보던 장영실이 물었다.

"굴대***가 휘어지거나 금이 간 거 아닙니까?"

"그런 거 같긴 한데 내일 당장 써야 한다고 오늘 중에 고쳐 내라는구나."

"굴대에 문제가 생긴 것을 어떻게 뚝딱 고쳐요?"

장영실이 인상을 쓰면서 투덜대자 곽 씨 노인이 껄껄 웃었다.

"아랫것들이야 시키면 시키는 대로 해야지. 오작인으로 3년 동안이나 관아 밥을 먹었으면서도 성질머리는 여전하구나."

뒤통수를 긁적거린 장영실은 바닥에 누워서 수레 아래로 기어들어 갔다.

"굴대 가운데가 쫙 금이 갔네요. 조금만 더 굴리면 그대로 주저앉겠어요."

"손을 볼 수 있겠냐?"

"고치려면 장구통을 뺀 다음에 다른 걸 끼워 넣어야 합니다."

"그러면 최소한 하루 하고도 반나절은 걸릴 건데 말이다."

곽 씨 노인의 얘기를 들은 장영실이 수레바퀴 아래에서 나오면서 대답했다.

"우리 둘이서는 힘들어요. 제가 형방 나리한테 가서 사람을 좀

---

* 온돌의 불기운을 오래 머물게 하려고 방고래보다 깊게 파놓은 고랑
** 수레바퀴의 바퀴살 중심 부분
*** 장구통에 끼우는 긴 나무 막대기

붙여 달라고 할게요."

"그게 좋겠구나."

등에 묻은 흙을 털어 낸 장영실이 질청으로 갔다. 형방은 마당에 서서 이리저리 움직이는 관노들을 바라보는 중이었다. 분위기가 심상치 않은 것 같아서 조심스럽게 다가갔다.

"저, 형방 나리."

"무슨 일이냐?"

"수레 고치는 일 때문에 왔습니다."

"오늘 중으로 고쳐야 한다."

"그게 굴대에 금이 가서 말입니다. 제대로 고치려면 시간을 더 주셔야 하고, 사람도 붙여 주셨으면 합니다."

"안 된다. 내일 통신사(通信使)가 이곳에 도착한다. 옮겨야 할 짐들이 산더미라서 민가의 수레도 징발하는 판이란 말이다."

"그럼 사람이라도 몇 붙여 주십시오."

"어허! 통신사들 맞이할 준비 때문에 강아지 손이라도 빌릴 판국이다. 둘이 알아서 오늘까지 고쳐 놔."

딱 잘라 말한 형방은 귀찮다는 표정으로 물러가라는 손짓을 했다. 결국 장영실은 빈손으로 돌아섰다. 감옥 담장의 문을 열고 안에 들어서자 수레를 살펴보던 곽 씨 노인이 이쪽을 바라봤다. 얼굴을 찌푸린 장영실이 고개를 저었다.

"전혀 안 먹히는데요."

"큰일이구나."

도로 수레 밑으로 기어들어 간 장영실은 금이 간 굴대를 올려다보면서 곰곰이 생각에 잠겼다. 그러다가 곽 씨 노인에게 말했다.

"어르신, 굴대 전체가 금이 간 게 아니고 가운데만 그래요. 거기만 잘라다가 다른 나무를 붙이면 하루 이틀은 쓸 수 있지 않겠습니까?"

"옳거니."

"탕개톱* 좀 주세요."

"잠시만 기다려라."

잔기침을 하면서 자리를 뜬 곽 씨 노인은 얼마 후, 탕개톱을 들고 나타났다.

"그런데 굴대를 잘라낸 자리에는 뭘 끼워 넣을 게냐?"

"적당한 걸 찾아봐 주세요."

"번거로운 일은 꼭 나한테 시키는구나."

숨을 고른 장영실은 탕개톱으로 굴대의 금이 간 부분을 자르기 시작했다. 하지만 누운 채 힘을 써야 하는데다가 톱밥이 자꾸 눈으로 떨어지는 바람에 톱질이 제대로 되지 않았다. 결국 톱질을 멈춘 장영실은 수레 밖으로 나왔다. 적당한 크기의 통나무를 들고 오던 곽 씨 노인이 그런 장영실을 보고 혀를 찼다.

"벌써 다 자른 건 아닐 테고……."

"톱밥이 눈에 자꾸 들어가서요."

---

* 조선 시대에 사용하던 톱으로 손잡이와 톱날이 별도로 달려 있어 톱질하기가 편리했다.

몸을 일으킨 장영실은 수레를 바라보면서 고민에 빠졌다. 늘 그렇듯 곽 씨 노인은 해답을 내놓는 대신 대화를 통해 그가 스스로 터득해 가도록 도와주었다. 곰곰이 생각에 잠겨 있던 장영실이 입을 열었다.

"옆으로 세워서 잘라 볼까요?"

"그렇게 했다가는 굴대가 힘을 견디지 못하고 부러질 것 같다. 그게 아니라고 해도 장구통이 찌그러지면 바퀴살이 부러질 수도 있고."

들고 보니 맞는 얘기라서 옆으로 눕히는 방법은 포기해야만 했다. 장영실은 한참을 고민해도 방법이 떠오르지 않자 애꿎은 땅바닥을 발끝으로 찼다. 그러다가 살짝 파인 땅바닥을 보고는 뭔가를 떠올렸다. 장영실이 고개를 돌리자 곽 씨 노인이 희미하게 웃었다.

"초가집 뒤에 가 보아라."

한걸음에 달려간 장영실은 벽에 기대져 있는 곡괭이를 들고 돌아왔다. 그러고는 아무 말 없이 땅바닥을 팠다. 그러자 감옥 안에서 칼을 차고 있던 죄수들은 물론, 문졸들까지 의아한 눈으로 바라봤다. 한참 동안 땅을 파서 구덩이를 만든 장영실이 곽 씨 노인에게 말했다.

"이 정도면 되겠죠?"

말없이 고개를 끄덕인 곽 씨 노인이 수레를 조심스럽게 구덩이 쪽으로 밀었다.

"연결 부위는 요철 형태로 잘라 내서 끼워 맞추어라. 내가 쇠못을 몇 개 구해 오마."

구덩이 안에 선 채로 장영실은 수레 아래에 붙은 굴대를 톱질했다. 금이 간 부분을 요철 모양으로 잘라 내고 노인이 건넨 통나무로 그 부분을 끼워 맞춘 장영실에게 곽 씨 노인이 쇠못과 쇠망치를 건넸다. 쇠못으로 연결 부위를 박아서 고정시키고 가죽끈으로 단단히 묶었다. 일을 마친 장영실이 구덩이에서 기어 나오자 먼발치서 지켜보던 문졸과 죄수들이 박수를 쳤다. 옆에서 지켜보던 곽 씨 노인이 히죽 웃었다.

"고생했다."

"아닙니다. 이 정도면 며칠 동안은 쓸 수 있을 겁니다."

산 너머로 뉘엿뉘엿 저물어 가는 해가 보였다. 수레를 가져가자 형방은 적잖이 놀란 눈치였다.

"수고했다. 내일은 통신사 일행이 오는 날이니까 아침 일찍 나오너라."

"알겠습니다."

고개를 숙여 인사를 한 장영실은 홀가분한 기분으로 돌아섰다.

운명적인 만남

다음 날, 새벽에 눈을 뜬 장영실은 작년부터 부쩍 몸이 안 좋아진 어머니가 누워 있는 안방문을 열었다.

"관아에 갔다 올게요."

"일만 하지 말고 색싯감을 찾아보아라. 올해 열여덟인데 어서 장가를 가서 어미한테 손주를 안겨 줘야지."

'또 시작이군'이라는 생각에 표정이 살짝 굳어진 장영실이 대답했다.

"관노한테 누가 시집을 오겠어요. 전 장가 안 갈 거니까 자꾸 그러지 마세요."

문을 닫으려던 장영실에게 어머니가 쏘아붙였다.

"너 분이인가 하는 관기한테 푹 빠져 있다던데 말이다. 이 남자 저 남자 품을 전전하는 관기라니, 이 어미 눈에 흙이 들어가기 전까지는 절대 안 된다."

어머니도 관기 출신이 아니냐는 말이 목구멍까지 치밀어 올랐다
가 가라앉았다.

"분이는 어릴 때부터 알던 사이잖아요. 그리고 관기는 뭐, 마음대
로 혼인할 수 있대요? 사또가 허락해야지 할 수 있다는 거 잘 알면
서 그러세요."

"걱정이 돼서 그런다."

"염려 마시고 얼른 일어날 생각이나 하세요."

안방의 문을 닫은 장영실은 곧장 동래 관아로 향했다.

관아로 가는 길은 전날부터 동원된 백성들이 깨끗이 정돈을 하
고 황토를 뿌려 놓은 상태였다. 길옆에는 한양에서 온 통신사 일행
을 구경하려고 몰려온 백성으로 가득했다. 동래 관아의 아전들과
관노들은 홍살문부터 외삼문까지 쭉 도열했다. 장영실과 곽 씨 노
인도 그들 사이에 끼어서 길 쪽을 바라봤다. 잠시 후, 온다는 외침
과 함께 통신사와 마중을 나갔던 동래 현감이 나란히 말을 타고 오
는 게 보였다. 푸른색 철릭*에 붉은색 발립(鉢笠)**을 쓴 통신사의 당
당한 모습을 본 장영실은 입을 다물지 못했다.

---

* 고려부터 조선 시대까지 입었던 무사들의 복장으로, 먼 거리를 움직일 때는 문관들도 입었다.
** 몽골의 영향을 받은 위가 둥근 고려 시대 관모. 조선 초기까지 사용되었던 것으로 전해진다.

"우와! 사또가 꼼짝 못하는 걸 보니까 어지간히 높은 사람인가 보네요."

"그래 봤자 한양에서는 높은 관리가 아니다."

곽 씨 노인의 단언에 장영실이 고개를 돌렸다.

"정말요?"

"그랬다면 멀리 왜국까지 가는 사절로 뽑히지도 않았을 테니까 말이다. 기껏해야 정3품 정도겠지."

3년 동안 옆에서 지켜본 곽 씨 노인은 아는 게 많지만 숨기는 것 같은 인상을 풍겼다. 한문은 물론이고, 아전들이 쓰는 이두(吏讀)에도 능통했다. 본인이 원하기만 하면 다른 일을 할 수 있음에도 계속 오작인 노릇을 하고 있었다. 도통 속을 알 수 없는 노인네라고 생각하고 있는데 곽 씨 노인이 슬그머니 물었다.

"내 정체가 궁금한 게냐?"

화들짝 놀란 장영실이 애매하게 웃자 곽 씨 노인이 빙그레 웃었다.

그러는 사이 통신사와 동래 현감이 홍살문을 지나 외삼문까지 도달했다. 통신사를 따라온 수행원들은 줄잡아 수십 명이었고, 다들 동래에서는 보기 힘든 옷차림들이었다. 구경 나온 백성들이 입을 다물지 못하는 가운데 행렬은 객사(客舍)로 향했다. 객사 앞마당에서는 분이를 비롯한 관기들이 한껏 화장을 한 채 통신사 행렬을 맞을 준비를 하고 있을 것이다. 이참에 분이 얼굴을 보고자 슬그머니 따라가려던 장영실은 행렬의 뒤꽁무니를 따라오는 수레를 보고 발걸음을 멈췄다. 소가 끄는 수레가 아니라 말이 끄는 수레였는데,

난생처음 보는 것이었다.

"저게 뭐지?"

널빤지로 상자처럼 짜인 수레 위에는 작은 종이 매달려 있었다. 백성들은 통신사의 화려한 행렬에 정신이 팔려 있었지만, 장영실은 이상한 수레에 더 눈길이 갔다. 장영실이 바라보는 가운데 이상한 수레는 내삼문 안으로 들어갔다.

통신사를 환영하는 연회가 열리는 동래 관아는 안팎으로 떠들썩했다. 객사 앞마당에서는 인근의 이름난 재주꾼들이 와서 실력을 뽐냈고, 한껏 화장을 하고 잘 차려입은 관기들이 춤과 노래로 분위기를 돋웠다. 악공들은 마당에 펼쳐 놓은 돗자리에 앉아 쉴 새 없이 음악을 연주했다. 칼자*들이 객사 구석에 천막을 치고 솥을 걸어 놓고는 음식을 만드느라 여념이 없었다. 연회에 동원되지 않은 관노와 구실아치들은 온갖 핑계를 대고 객사 쪽을 기웃거렸다.

하지만 장영실은 아까 본 이상한 수레에 더 관심이 많았다. 수레는 객사 뒤편 담장 쪽에 세워져 있었다. 가까이 가서 살펴보고 싶었지만, 수레 곁에는 통신사 수행원이 두 명이나 지키고 있어서 엄두가 나지 않았다. 먼발치에서 한참을 지켜보고 있는데, 그중 한 명이

---

* 지방 관아나 역참에서 음식을 만드는 일을 했던 하인, 도척(刀尺)이라고도 불렀다.

자리를 비웠다. 아마 잔치판에 가서 배를 채울 요량인 듯했다. 잠시 후 남은 한 명도 담장에 기대앉더니 꾸벅꾸벅 졸기 시작했다. 주변을 살핀 장영실은 조심스럽게 수레 쪽으로 다가갔다. 만약 들키기라도 한다면 일이 커질 수 있지만, 호기심이 두려움을 잠재웠다.

발소리를 최대한 죽인 채 접근한 장영실은 잠들어 있는 수행원을 힐끔 보고는 수레를 살폈다. 하지만 수레 위는 널빤지로 상자처럼 만들어져 있어서 안을 볼 수 없었다. 그리고 작은 종과 그 종을 칠 수 있는 쇠붙이 같은 게 달려 있었다.

"어떻게 움직이는 거지?"

이리저리 살펴보던 장영실은 무릎을 쳤다.

"아하! 아래쪽을 보면 되잖아."

어제 수레 굴대를 고쳤을 때처럼 바닥에 등을 대고 수레 아래로 기어들어 갔다.

"우와!"

바닥에서 본 안쪽은 새로운 세상이었다. 크고 작은 톱니바퀴 수십 개가 마치 거미줄처럼 엉켜 있었다. 톱니바퀴들이 수레바퀴의 굴대와 연결되어 있는 게 보였다.

"그러니까 수레바퀴가 굴러가면서 이 톱니바퀴들을 움직이는 거 같은데. 뭣 때문에 이런 걸 만든 거지?"

누운 채 한참을 생각하던 장영실은 톱니바퀴들을 뚫어지게 바라보면서 원리를 깨달았다.

"작은 톱니바퀴가 한 바퀴 돌면 딸려 있는 큰 수레바퀴가 한 칸

정도 움직이겠네. 그리고 그게 위쪽 톱니바퀴로 연결되었고 말이야. 그런데 대체 어디에 쓰는 거지?"

이런저런 고민을 하던 장영실은 너무 오래 시간을 끌었다는 생각에 서둘러 수레 밖으로 나왔다. 그러다가 자신을 내려다보는 누군가와 눈이 마주쳤다.

"웬 놈이냐?"

장영실은 깜짝 놀랐다. 붉은색 철릭에 발립을 쓰고, 잘 다듬은 수염에 허여멀건 한 얼굴로 봐서는 통신사와 함께 온 수행원 같았다. 상대방의 거듭된 추궁에 겁에 질린 장영실은 제대로 대답하지 못했다. 그때 딴짓을 하고 있던 수행원들이 허겁지겁 달려왔다. 그들을 본 사내가 호통을 쳤다.

"내가 잡인이 가까이 오지 못하게 하라고 그렇게 일렀건만 정녕 군뢰(軍牢)*에게 혼쭐을 내야 정신을 차리겠느냐!"

"죄송합니다요. 군기감정(軍器監正)** 나리."

두 수행원이 코가 땅에 닿도록 고개를 숙이며 잘못을 빌었다. 분위기가 심상치 않게 돌아가자 장영실은 얼른 무릎을 꿇었다.

"소인은 동래 관아에서 일하는 장영실이라고 합니다. 신기한 수레가 있어서 잠깐 보러 왔던 것뿐입니다."

"이 수레는 너 같은 잡인들이 가까이 할 만한 게 아니다."

---

* 지방 관아나 군대에서 죄인들을 처벌하거나 감시하던 군인들
** 무기를 만드는 군기감에 속한 정3품 관직

군기감정이라는 직책을 가진 사내의 말에 자존심이 확 상한 장영실이 대꾸했다.

"어디다 쓰는 것인지는 알 것 같습니다."

"뭐라고? 저게 어떤 물건인지 안다고?"

"안에 크고 작은 톱니바퀴들을 봤습니다. 그것들은 전부 수레의 굴대에 연결되어 있었고 말입니다."

장영실의 설명을 들은 군기감정은 제법이라는 표정을 지었다.

"제대로 보았구나. 뭐에 쓰는 것인지 고하면 용서해 주겠지만, 그렇지 못한다면 군뢰를 불러다가 치도곤을 놓겠다."

얘기를 들은 장영실은 눈을 감은 채 필사적으로 수레의 용도를 생각해 봤다. 신기한 구조였지만, 이걸 어디에 쓸 것인지는 도저히 알 수 없었다. 군기감정이 계속 대답을 채근하자 결국 낙담한 장영실은 고개를 숙였다.

그때 바닥의 수레바퀴 자국이 희미하게 눈에 띄었다. 이 이상한 수레를 이곳으로 끌고 온 흔적 같았다. 바퀴 자국을 본 순간, 수레의 톱니바퀴가 굴대와 연결되어 있던 것을 떠올렸다. 머릿속에 가설이 떠오른 장영실은 군뢰를 부르려고 고개를 돌렸던 군기감정에게 말했다.

"거리를 재기 위한 장치입니다."

그러자 군기감정은 깜짝 놀란 표정으로 물었다.

"그걸 어찌 알았느냐?"

"톱니바퀴가 수레의 굴대와 연결되어 있는 것을 봤습니다. 바퀴가 돌 때마다 굴대도 함께 도는 것이니, 결국은 수레바퀴가 간 거리를 확인하는 것이라고 생각했습니다."

장영실의 설명을 들은 군기감정이 가만히 고개를 끄덕였다.

"이 수레는 기리고차(記里鼓車)*라고 부르느니라."

"기리고차요?"

"수레바퀴가 움직일 때마다 안에 딸린 톱니바퀴가 돌면서 거리를 확인할 수 있게 한 것이다. 그러면 수레 위에 있는 종이 울리는 것이지."

"참 신기한 수레입니다."

장영실이 놀라운 눈으로 수레를 바라보자 군기감정이 흐뭇한 표정을 지었다.

"한양에서 동래까지 오는 동안 아무도 이 수레가 무언지 알지 못했는데 오직 너만 알아보는구나."

"과찬이십니다."

"나는 군기감정 이천이다. 장영실이라고 했느냐?"

"그렇습니다."

"네 이름을 기억하마. 돌아가도 좋다."

위기에서 벗어난 장영실은 속으로 안도의 한숨을 쉬며 고개를 숙였다.

---

* 바퀴와 연결된 톱니바퀴를 이용해 거리를 측정하는 수레로 조선 초기에 만들어진 것으로 전해진다.

집으로 돌아가려고 객사의 담장을 따라 걸을 때 장영실은 어디선가 자신을 부르는 소리를 들었다.

"영실아!"

고개를 들어서 주변을 두리번거리자 담장 너머에서 곱게 화장을 한 분이가 고개를 내민 게 보였다.

"어디 가?"

"집에. 넌 잔치판에 있지 왜 여기 있는 거야?"

장영실의 물음에 그녀가 한숨을 푹 내쉬었다.

"다른 관기들이 이참에 한양 손님들 좀 모셔 보겠다고 하도 난리를 쳐서 말이야. 엉덩이 들이밀 틈이 없어."

"그래도 명색이 관기인데 노력을 좀 해 봐."

"난 그런데 관심 없는 거 알잖아."

"하긴."

"내가 먹을 거 챙겨 올 테니까 신당에서 볼래?"

"그러다 사또한테 들키면 어쩌려고?"

장영실의 걱정스러운 물음에 그녀가 하얀 이를 드러내면서 대답했다.

"그 멍청이는 통신사 정사 영감 옆에 붙어서 떨어질 줄 몰라."

어차피 집에 들어가도 할 일이 없었기 때문에 장영실은 고개를 끄덕거렸다.

"알았어."

주변을 살핀 장영실은 조심스럽게 객사 뒤편에 있는 신당 쪽으로 발걸음을 돌렸다.

한 칸짜리 신당은 흉년이 들거나 전염병이 퍼질 때만 제사를 지내려고 문을 열기 때문에 평소에는 비어 있었다. 신을 모시는 곳이자 객사 근처여서 관아 사람들도 가까이 오지 않는 곳이었다. 보는 눈이 많은 관아에서 장영실이 분이와 편하게 얘기를 나눌 수 있는 몇 안 되는 공간이기도 했다.

신당의 문을 열고 안으로 들어서자 작은 제단과 짚으로 만든 인형들이 매달려 있는 게 보였다. 구석에 세워진 돗자리를 바닥에 펴고 자리에 앉자 잠시 후에 삐걱거리면서 문이 열렸다. 한 손에는 쟁반, 다른 한 손에는 술병을 든 분이가 냉큼 장영실 옆에 붙어 앉았다. 그녀의 몸에서 향낭 냄새가 풍겼다. 부풀어 오른 치맛자락을 조심스럽게 손으로 감은 분이가 쟁반과 술병을 내려놨다.

"네가 좋아하는 생선전이랑 편육 좀 챙겨 왔어."

"고마워."

"고마우면 술이나 한 잔 주든가."

피식 웃은 장영실이 그녀가 내민 술잔에 술을 가득 채웠다. 단숨에 마신 그녀가 한숨을 폭 내쉬었다. 편육을 하나 집어 입속에 집어넣고 장영실이 물었다.

"왜 그렇게 한숨을 쉬어."

"언제까지 이 노릇을 해야 하나 해서 말이야."

"팔자 좋은 소리 하네. 관아 문밖에 나가 봐. 굶어 죽는 사람들 천지다."

"누가 모른대? 그런데 이렇게 사는 게 맞나 싶어서."

"그럼 다른 방법 있어? 우리 어머니도 내 신세 풀어 주겠다고 그 난리를 쳤지만 결국은 이렇게 되었잖아."

최근 들어서 몸이 안 좋아진 어머니는 내내 신세타령이었다. 동래 현감이 원나라 출신의 아버지를 잘 모시기만 하면 관기 신분에서 풀어 준다는 얘기에 정성껏 모시고, 결국은 아이까지 낳았지만 약속은 지켜지지 않았던 것이다. 아침저녁으로 그 얘기를 하는 어머니 때문에 장영실의 가슴은 타들어 가기만 했다. 정작 자신은 지금 신분에 대해 크게 생각해 본 적이 없었기에 어머니의 그런 얘기가 가슴에 와 닿지 않았다. 그런 장영실에게 분이가 슬쩍 물었다.

"넌 어때?"

"내가 생각한다고 신세가 바뀌겠니?"

"난 네가 시신을 만지는 오작인 노릇하는 게 너무 싫어."

"사람 사는 게 다 똑같아. 거기다 오작인 노릇하니까 딴 사람들이 안 건드리잖아."

"어렸을 때는 누가 놀리기만 하면 불같이 화를 내더니 요즘은 영 변했네."

"열여덟이잖아. 이제 다 큰 어른이니 변해야지."

술잔에 남은 술을 쭉 들이켠 장영실은 손가락으로 생선전을 집어 들었다. 빈 술잔에 술을 따라 준 그녀가 옆으로 살짝 돌아앉으면서 중얼거렸다.

"어릴 때는 나중에 나랑 어디로 도망친다고 하더니 지금은 애늙은이가 다 됐다."

"도망치면 어디서 뭘 하게?"

장영실의 물음에 그녀가 왈칵 화를 냈다.

"그래도 지금 이렇게 시체나 만지고 이놈 저놈이랑 자는 일을 하진 않을 거 아니야."

순식간에 분위기가 어두워지고 말았다. 할 말을 잃은 장영실은 그녀의 어깨를 쓰다듬어 주는 것으로 대답을 대신했다. 옆으로 돌아앉은 그녀는 깊은 한숨과 함께 일어났다.

"자리를 너무 오래 비우면 말 나올 거 같아."

분이가 뒤도 돌아보지 않고 신당 밖으로 나가자 홀로 남은 장영실은 술병을 들고 벌컥벌컥 마셨다.

그도 어릴 때는 분이와 함께 멀리 도망가서 새로운 삶을 사는 것을 꿈꿨다. 하지만 현실이 녹록지 않았다. 도망가서 할 수 있는 건 화전민이나 도적 노릇밖에는 없었다. 병든 어머니를 놔두고 떠날 수도 없었다. 답답해진 그는 술병을 단숨에 비웠다.

기리고차를 고치다

다음 날, 통신사 일행이 동래 관아의 객사를 떠났다. 몇 리만 더 가면 대마도로 가는 배가 정박한 포구였기 때문에 사실상 오늘이 떠나는 날이었다. 전날 길거리를 가득 메웠던 백성들은 보이지 않았지만, 동래 관아의 아전과 관노들은 외삼문에서 홍살문까지 도열해서 통신사 일행을 배웅했다. 전날처럼 나란히 말을 탄 통신사 정사와 동래 현감이 앞장섰고, 뒤로는 통신사 일행들이 따랐다. 관노들 틈에 도열한 장영실은 지나가는 행렬을 물끄러미 바라봤다. 긴 행렬이 끝날 기미가 보이자 관노들은 하품을 하거나 몸을 뒤틀면서 빨리 지나가기를 바랐다. 장영실도 같은 생각으로 바라보다가 마지막에 나오는 수레를 보고는 눈을 반짝거렸다.

"기리고차네."

호기심 어린 장영실의 눈에 기리고차를 끄는 마부가 들어왔다. 분이 아버지인 달쇠 아저씨였다. 양인 신분이지만 가진 재산이 없어 관아의 잔심부름을 하면서 붙어사는 처지였다. 그러다가 관기를 부인으로 맞이해서 낳은 것이 바로 분이였다. 분이는 자기 신세를 이 모양으로 만들었다면서 아버지를 싫어했다.

달쇠 아저씨는 워낙 술을 좋아했다. 어제 연회에도 끼어들어 슬쩍 술을 마신 모양인지 몸을 제대로 가누지도 못했다. 고삐를 잡은 마부가 비틀거리자 예민한 성격의 말도 겁에 질렸는지 제대로 걷지 못했다. 그러다가 뭔가에 놀랐는지 말이 갑자기 뒷걸음질을 쳤다. 마부가 고삐를 잡고 다독거렸다면 진정했겠지만, 무슨 생각인지 앞을 가로막고 손을 휘젓는 바람에 더 흥분시키고 말았다. 뒷걸음질 치던 말은 급기야 앞발을 치켜들었고, 그 와중에 마구와 연결된 수레는 요동을 치다가 옆으로 넘어가고 말았다. 우당탕거리는 소리와 함께 넘어지면서 수레 위 상자가 부서졌고, 사방으로 톱니바퀴가 굴러갔다.

놀란 마부는 그 자리에 털썩 주저앉았고, 지켜보던 동래 관아의 아전과 관노들은 술렁거렸다. 장영실은 자신의 발치까지 굴러온 작은 톱니바퀴를 내려다봤다. 행렬이 잠시 멈추고, 어제 봤던 이천이라는 관리가 돌아오는 게 보였다. 넘어진 기리고차를 본 이천은 망연자실한 표정을 지었다.

사고를 낸 마부는 이천에게 심한 꾸중을 들었다.

"네 이놈! 내가 그렇게 조심하라고 일렀거늘, 어찌 이런 일을 저지른 게냐!"

"잘못했습니다. 저놈의 말이 갑자기 요동을 치는 바람에 소인도 어쩔 수 없었습니다요."

"네놈이 맡은 일이 무엇이냐! 말을 다루는 일을 하는 자가 핑계를 대다니!"

굴러 온 톱니바퀴를 만지작거리던 장영실은 옆으로 넘어진 수레 쪽으로 다가갔다. 수레 안에 들어 있던 톱니바퀴들이 충격에 못 이겨 떨어져 나갔지만, 수레바퀴와 연결된 굴대는 무사했다. 한참을 들여다보던 장영실은 여전히 달쇠 아저씨를 질책하던 이천에게 다가갔다.

"저 나리."

장영실을 본 이천이 인상을 찌푸렸다.

"무슨 일이냐?"

"수레는 멀쩡하고 안에 든 톱니바퀴들만 떨어져 나갔습니다. 잘 맞추면 고칠 수 있지 않겠습니까?"

바닥에 흩어진 톱니바퀴를 손가락으로 가리키며 이천이 소리쳤다.

"자네 눈에는 이게 그냥 톱니바퀴로 보이나? 거리를 측정하고자 정교하게 끼워 맞춘 톱니바퀴들일세."

"이게 그렇게 중요한 물건입니까?"

"중요한 어명일세. 그런데 이렇게 망가졌으니 낭패가 아닐 수 없지. 고칠 수 있는 장인은 한양에 있는데 어느 세월에 불러오겠느냐? 통신사는 당장 외국으로 가야 하는데 말이다."

"그럼 저 마부는 어찌 됩니까?"

장영실은 떨고 있는 달쇠 아저씨를 바라보면서 물었다.

"큰 처벌을 받을 걸세."

"만약 기리고차를 멀쩡하게 고치면 저 마부를 용서해 주시겠습니까?"

장영실의 얘기를 들은 이천이 흠칫 놀랐다.

"기리고차를 말이냐? 저건 한양에서도 손댈 수 있는 장인이 몇 없느니라."

어림도 없다는 이천의 얘기에 속으로 살짝 겁을 먹었지만, 분이가 속상해하는 모습은 보고 싶지 않았다.

"고칠 수 있는 시간이 얼마나 있습니까?"

질문을 받은 이천이 곰곰이 생각하다가 대답했다.

"어차피 오늘은 짐을 싣느라 시간을 다 보낼 것이고, 내일 물때를 맞춰서 출발하겠지."

"그럼 하루 정도는 시간이 있지 않습니까?"

"그렇긴 하다만 네가 고치겠다는 말이냐? 저 톱니바퀴들을 무슨 수로 다 끼워 맞춘다고 그리 큰 소리를 치느냐!"

"어차피 부서진 거 소인이 손을 좀 본다고 해서 어찌 되지는 않을 겁니다. 잠시 말미를 주십시오."

"만약 네놈이 손을 봤다가 오히려 손도 못 댈 정도로 크게 망가질 수 있지 않느냐?"

"그때는 소인을 죽이든지 살리든지 마음대로 하십시오."

장영실의 얘기를 듣고 잠시 고민하던 이천이 입을 열었다.

"용기 한번 가상하구나. 정사 영감을 뵙고 돌아올 것이니 잠시

기다리고 있어라."

이천이 자리를 뜨자 덜덜 떨고 있던 달쇠 아저씨가 땅바닥에 털썩 주저앉았다.

"고, 고맙다. 영실아."

"고마우면 앞으로는 술을 조금만 드세요."

분위기를 읽은 관노들이 넘어진 기리고차 주변에 흩어진 톱니바퀴들을 주워들었다. 잠시 후, 돌아온 이천이 장영실에게 말했다.

"정말 고칠 수 있겠느냐?"

"해 보겠습니다."

장영실의 대답을 들은 이천이 무겁게 고개를 끄덕였다.

"어차피 선택의 여지가 없으니 그렇게 하게."

"그럼 일단 수레를 제가 거처하는 곳으로 옮기겠습니다."

"그렇게 하게. 어차피 여기서 일을 할 수는 없으니까 말이야."

장영실과 이천의 얘기를 들은 관노들이 기리고차를 조심스럽게 감옥 뒤편에 있는 초가집으로 옮겼다.

어느 틈엔가 나타난 곽 씨 노인이 거적을 펼쳐 관노들이 모아 온 톱니바퀴들을 놓았다. 주변을 살피다가 초가집 안으로 들어간 이천이 코를 킁킁거리면서 물었다.

"이상한 냄새가 나는군."

"여긴 죽은 시신들을 검시하는 곳입니다. 저와 저기 밖의 할아버지가 오작인이고요."

놀라서 겁을 먹거나 화를 낼 줄 알았지만 이천은 태연한 표정으로 대꾸했다.

"나는 무과 출신이고, 북방에서 여진족과 제법 싸워 봤지. 이 정도로는 겁을 먹지 않으니 걱정 말게."

"궁금한 게 한 가지 있습니다. 기리고차가 그렇게 중요하다면서 왜 왜국으로 가져가려고 하십니까?"

질문을 받은 이천은 잠시 생각에 잠겼다가 입을 열었다.

"지도를 만들기 위해서라네."

"지도요?"

장영실의 반문에 이천이 고개를 끄덕거렸다.

"그렇다네. 왜국과 비록 국교를 맺었다고는 하지만, 믿을 수 있는 자들은 아닐세. 동래만 해도 몇 번이나 왜구의 침입을 받지 않았는가?"

장영실은 어렸을 때 왜구가 쳐들어와서 어머니와 산으로 도망쳐 숨어 지냈던 것을 떠올렸다.

"왜구를 막으려면 근거지를 뿌리 뽑아야 하네."

"왜국을 치겠다는 말씀이십니까?"

"왜국까지는 어려워도 대마도는 손을 봐야 하지. 문제는 공격을 하려면 제대로 된 지도가 반드시 필요하네. 그래야만 전쟁에서 승리할 수 있으니까 말이야."

"지도를 만들려고 기리고차를 왜국으로 가져가는군요."

"여기라면 막대기를 가지고 재는 척측법이나 새끼줄을 이용한 승량지법을 쓸 수 있다네. 하지만 왜국 땅에서는 그렇게 할 수 없는 노릇이지."

"그래서 기리고차를 가져가려고 한 거군요. 저것만 있으면 별다른 의심을 받지 않고 거리를 잴 수 있으니까 말입니다."

"제대로 된 지도를 만들려면 정확하게 거리를 재야 하네. 북방에서 여진족과 싸울 때 뼈저리게 느꼈지."

"그런데 거리는 어떤 식으로 확인합니까?"

"기리고차 위에 작은 종을 봤지? 일정한 거리가 되면 그 종이 울린다네. 그러면 종이 울린 숫자만 확인하면 거리를 알 수 있다네."

"참으로 신묘하군요."

"그런데 저렇게 고장이 났으니……."

이천이 말을 잇지 못했다. 그때 곽 씨 노인이 거적을 젖히고 소리쳤다.

"톱니바퀴들을 다 모아 놨다."

밖으로 나온 장영실은 거적 위에 쌓인 크고 작은 톱니바퀴들을 내려다봤다. 뒤따라 나온 이천이 물었다.

"고칠 수 있겠느냐?"

"어제 아래로 들어가서 잠깐 모양을 봤습니다."

"그럼 자네만 믿겠네."

거적 위에 앉은 장영실은 톱니바퀴들을 보면서 어제의 기억을 떠올렸다. 크고 작은 톱니바퀴들이 굴대부터 위쪽까지 이어져 있었다. 일정한 거리를 가면 톱니바퀴가 종을 건드려서 울리게 만드는 방식이었다. 맞물린 톱니바퀴들이 어떤 식으로 움직이는지, 그것이 어떤 원리로 종을 움직이는지 알아내는 게 관건이었다. 작은 톱니바퀴는 쇠로 만들었고, 큰 것은 나무로 만들었는데 아무래도 무게를 줄이고자 그런 것 같았다. 덕분에 작은 톱니바퀴는 멀쩡했지만, 나무로 된 것들은 몇 개가 금이 가고 부러졌다. 그걸 본 곽 씨 노인이 말했다.

"부서진 건 내가 똑같은 크기로 만들어 주마."

톱을 챙긴 곽 씨 노인이 사라지자 관노들도 하나둘씩 흩어졌고, 달쇠 아저씨도 종적을 감췄다. 장영실은 종과 연결된 작은 쇠뭉치를 만지작거리면서 중얼거렸다.

"톱니바퀴들이 맞물려서 움직이고, 그게 종을 울리는 쇠뭉치를 움직이게 하는 것 같은데 말이야."

하지만 톱니바퀴들이 어떤 식으로 움직여서 종을 때리게 하는지는 겉으로 봐서는 알 수 없었다. 톱니바퀴만 들여다보다가는 도통 이해를 할 수 없겠다는 생각에 장영실은 기리고차의 아랫부분을 직접 살펴보기로 했다. 다행히 이틀 전에 수레를 고치느라 파놓은 구덩이 위에 세워 놔서 선 채로 살펴볼 수 있었다. 곁에서 지켜보던 이천이 놀란 눈치로 물었다.

"이게 무엇이냐?"

"이렇게 하면 눕지 않고 서서 수레 아래쪽을 살펴볼 수 있습니다. 움직이기도 편리해서 손보기가 쉽죠."

기리고차 안을 들여다본 장영실은 필사적으로 어제의 기억을 되살리려고 애를 썼다. 수많은 톱니바퀴들이 서로 물고 물려 있는 것이 떠올랐지만, 어떤 것이 어떤 방식으로 연결되었는지는 떠오르지 않았다.

톱니바퀴들이 어떻게 맞물려 돌아가서 종을 울리게 하는지가 관건이었다. 톱니바퀴들은 크기가 제각각이었기 때문에 제대로 끼워넣어 움직이게 해야 했다. 일단 굴대에 달린 요철 부분에 톱니바퀴들을 전부 갖다 댔다. 하지만 요철이 맞는다고 끼워 맞출 수는 없었다. 갑자기 암울해진 장영실에게 옆에서 톱니바퀴를 만들던 곽 씨 노인이 말했다.

"그냥 끼워 맞춘다고 되는 게 아니야. 원리를 파악하는 게 우선이지."

"하긴 급하다고 서두를 수는 없겠죠."

구덩이 밖으로 나온 장영실은 거적 위에 톱니바퀴들을 놓고 이리저리 모양을 바꿔 가면서 끼워 맞추려고 애를 썼다. 그때 옆에서 곽 씨 노인이 슬쩍 입을 열었다.

"생각해 보아라. 바퀴가 어떻게 움직여서 거리를 측정할 수 있게 종이 울리는지 말이다."

곽 씨 노인의 얘기를 들은 장영실은 다시 기리고차 아래로 기어들어 갔다. 굴대 중간에는 쇠로 만든 요철이 있었다. 손가락으로 요철을 일일이 만지면서 숫자를 셌다.

"모두 열 개입니다. 하지만 이것만으로는 통 모르겠습니다."

"방법을 찾아봐라."

"톱니바퀴들을 하나씩 다 끼워 볼까요?"

"그럴 시간이 없다. 다른 걸로 맞춰 봐야지."

고개를 저은 곽 씨 노인이 옆에서 지켜보던 이천에게 물었다.

"기리고차의 종은 얼마에 한 번씩 울렸습니까?"

"1리에 한 번씩 울렸네."

"그럼 수레바퀴가 몇 번 굴러가야 1리가 되는지 알면 되겠군요. 영실아!"

곽 씨 노인의 부름에 장영실은 손가락으로 수레바퀴의 길이를 쟀다.

"10척(尺)* 정도 됩니다."

"수레 굴대에 달린 톱니바퀴의 요철이 열 개였으니까 한 바퀴 돌면 요철이 한 번 도는 셈이구나."

"굴대와 붙어 있던 아래쪽의 톱니바퀴가 컸던 기억이 납니다."

"제일 큰 톱니바퀴를 가져와 보아라."

곽 씨 노인의 지시에 장영실은 제일 큰 톱니바퀴를 가져다가 요철의 숫자를 셌다.

"큰 톱니바퀴의 요철이 120개입니다. 그러니까 수레가 한 바퀴 돌면 요철이 12개 움직이겠네요. 그리고 수레가 12바퀴를 돌면 큰

---

* 조선 시대 기본 거리 측정 단위로, 용도에 따라 한 척의 길이가 다르다.

톱니바퀴가 한 번 도는 셈이네요."

"톱니바퀴의 역할은 회전 수를 이용해서 장치를 움직이게 만드는 것이다. 그러니까 기리고차의 톱니바퀴들은 결국 수레바퀴가 움직이면서 돌아가는 것이고, 그 힘으로 일정한 거리를 가면 종이 울리도록 되어 있지."

곽 씨 노인의 간결한 설명에 장영실은 고개를 끄덕였고, 옆에 있던 이천은 놀란 표정을 지었다.

"나도 거리를 재는 용도로 쓰일 거라는 건 알았는데, 어떤 원리인지는 정확하게 몰랐네."

"기리고차의 원리를 아는 사람은 드물 겁니다."

이천에게 대답한 곽 씨 노인이 희미한 웃음과 함께 장영실을 바라봤다. 톱니바퀴들을 이리저리 맞춰 보던 장영실이 말했다.

"1리에 한 번씩 종이 울렸다고 했는데 10척짜리 수레바퀴가 열두 번 돌면 120척을 가는 것과는 맞지 않습니다."

"그걸 조정하는 게 다른 톱니바퀴의 역할일 게다."

"아! 그래서 톱니바퀴의 크기가 달랐던 거군요."

"정확하게는 요철의 숫자지. 톱니바퀴는 서로 맞물려서 돌아가기 때문에 작은 톱니바퀴가 중간에서 돌아가는 횟수를 조정해 주는 역할을 한단다."

곽 씨 노인의 설명을 들은 장영실이 톱니바퀴들을 뒤적거렸다.

"여기, 요철이 6개짜리 톱니바퀴들이 있습니다."

"옳거니, 두 개는 짝을 맞췄다. 큰 톱니바퀴가 몇 개 남았느냐?"

"잠시만요."

톱니바퀴들의 요철 숫자를 손가락으로 센 장영실이 대답했다.

"90개짜리 요철이 있는 게 하나 있고, 60개짜리가 있습니다. 나머지는 모두 6개짜리 요철이 있는 작은 겁니다."

"어떤 방식으로 조합을 해 보겠느냐?"

잠시 고민하던 장영실이 대답했다.

"기리고차의 수레바퀴가 12바퀴를 돌면 큰 톱니바퀴는 한 바퀴 움직입니다. 그걸 6개짜리 톱니바퀴가 이어받습니다. 그러니까 90개짜리 톱니바퀴와 맞닿으면 15바퀴를 돌아 한 번 움직이는 거고, 60개짜리는 10바퀴를 돌아야 한 바퀴가 움직입니다."

"그럼 둘 중 하나를 아래 바퀴에 끼워야겠구나. 어느 쪽이라고 생각하느냐?"

곽 씨 노인에게 질문을 받은 장영실은 잠시 고민에 잠겼다가 대답했다.

"90개짜리일 거 같습니다."

"왜 그렇게 생각했느냐?"

"관건은 1리에 한 번씩 종이 울리는 것입니다. 그렇게 하려면 결국 돌아가는 바퀴의 수가 줄어야만 할 거 같습니다."

장영실의 조심스러운 대답에 곽 씨 노인이 흡족한 표정을 지었다.

"맞다. 그럼 끼우기 전에 계산을 해 보자꾸나. 120개의 요철을 가진 아래 바퀴가 6개의 요철을 가진 작은 톱니바퀴와 연결되어 있다. 그것이 90개짜리 요철을 가진 중간 바퀴와 이어져 있지. 중간

바퀴가 한 바퀴 돌려면 기리고차의 수레바퀴는 몇 바퀴를 돌아야 겠느냐?"

"6개짜리 요철을 가진 톱니바퀴가 중간에 있으니까 15번을 돌아야만 한 바퀴를 돕니다."

"맞다. 그러면 중간 바퀴와 연결된 축에 6개짜리 요철을 가진 톱니바퀴를 끼우고 60개짜리 요철을 가진 톱니바퀴가 연결되었다고 치자."

"그럼 중간 바퀴와 연결된 6개짜리 톱니바퀴가 열 번을 돌아야만 60개짜리 톱니바퀴가 한 번을 돕니다."

"아까 수레바퀴의 둘레가 10척이라고 하였지? 수레바퀴의 굴대에 직접 연결된 아래 톱니바퀴의 요철이 10개니까 12바퀴를 굴러가면 전체가 한 바퀴를 도는 셈이겠구나."

"그러면 거리로 따져서 한 칸에 1척씩 120척이 되겠군요."

장영실의 대답을 들은 곽 씨 노인이 흐뭇한 표정을 지었다. 곁에서 지켜보던 이천이 소매에서 작은 대나무통을 꺼냈다.

"복잡한 계산을 할 때는 산가지*가 최고지. 내가 계산을 해 줄 것이니 말해 보게."

"90개짜리 요철을 가진 중간 바퀴는 6개짜리 요철을 가진 톱니바퀴에 연결되어 있어서 아래 바퀴가 15번을 돌아야만 한 바퀴가 움직이겠죠. 그럼 총 몇 척을 움직인 건지 궁금합니다."

---

* 나뭇가지를 일정한 모양으로 놔서 숫자를 세는 방식

장영실의 설명을 들은 이천이 산가지를 이리저리 움직였다가 대답을 했다.

"모두 1,800척이네."

이천의 대답을 들은 장영실이 고개를 갸웃거렸다.

"꽤 길기는 하지만 1리에는 못 미칩니다."

그러자 곽 씨 노인이 끼어들었다.

"톱니바퀴가 하나 더 남아 있지 않느냐?"

"맞다! 중간 바퀴에 연결할 수 있는 톱니바퀴가 하나 더 있었죠? 중간 바퀴에 6개짜리 요철을 가진 작은 톱니바퀴를 연결하고, 60개의 요철을 가졌으니까 6개짜리 톱니바퀴가 10바퀴를 돌면 한 바퀴가 움직이네요. 그러니까 1,800척이 열 번 굴러가면 60개짜리 요철을 가진 톱니바퀴가 한 바퀴 돌아갑니다."

장영실의 얘기를 들은 이천이 이리저리 산가지를 움직였다가 감탄사를 내뱉었다.

"그럼 1만 8천 척일세. 보통 6척을 1보라고 하고, 300보를 1리라고 하네. 그럼 딱 1리에 들어맞네."

장영실도 곽 씨 노인에게 말했다.

"참으로 신기합니다."

"사람이 만드는 것인데 뭐가 신기하단 말이냐? 부서진 톱니바퀴를 만들 거니까 너는 어서 끼워 맞춰 보거라."

"네."

씩씩하게 대답한 장영실은 톱니바퀴들을 들고 기리고차 아래 구덩이로 들어갔다. 그 광경을 본 이천이 중얼거렸다.

"동래 같은 외진 곳에 저런 재능을 가진 자가 있을 줄이야."

그 얘기를 들은 곽 씨 노인이 히죽 웃었다.

"세상은 넓은 법이니까요. 나리."

"자네가 잘 키워 낸 것 같군."

이천의 의미심장한 말에 곽 씨가 잔기침을 하면서 대답했다.

"저는 그저 동래 관아의 오작인일 뿐입니다. 저 아이가 영특해 보여서 곁에 있게 했던 것 뿐입니다요."

이마에 두른 망건에 땀이 물씬 배어 나왔지만, 장영실은 개의치 않고 일에 열중했다. 원리는 알았지만 원위치에 톱니바퀴를 끼워 넣는 것은 쉬운 일이 아니었다. 기리고차가 옆으로 넘어지면서 굴대와 톱니바퀴와 연결된 축대들이 휘어지거나 뒤틀리는 경우가 많았다. 보통의 수레라면 굴러가는 것으로도 충분했지만, 기리고차는 정밀하게 거리를 측정해야 하므로 완벽하게 손질을 해야만 했다.

소식을 들은 분이가 개다리소반을 들고 나타났다.

"왜 아버지 일에 나서서 그래."

"모르는 사람도 아닌데 야박하게 굴 필요 없잖아."

"야박하긴, 하나밖에 없는 딸 이용해서 팔자 고칠 생각만 하는 사람인데 말이야."

분이가 건넨 생선전을 씹어 먹으며 장영실이 씩 웃었다.

"아무튼 잘 끝나 가니까 너무 걱정하지 마."

"잘 끝나는 게 문제일지 몰라."

영문을 모른 장영실은 토라진 것 같은 분이에게 물었다.

"그게 무슨 얘기야?"

"지금 관아 사람들이 여기서 썩기에는 아깝다는 둥, 한양으로 올려 보내야 한다는 둥, 수군대는 거 모르지?"

분이의 얘기를 들은 장영실이 피식 웃었다.

"아서라. 관노 주제에 무슨……."

"그래도 난 네가 여길 떠나는 거 싫어."

"내가 떠나고 싶다고 여길 떠날 수 있겠어?"

처연한 장영실의 대답에 분이는 깊은 한숨으로 대답을 대신했다. 관아에 묶인 노비라는 잊고 싶은 기억이 떠올랐기 때문이다. 식사를 마친 장영실은 개다리소반을 들고 돌아가는 분이의 뒷모습을 물끄러미 바라봤다.

그러는 사이, 곽 씨 노인이 부서진 톱니바퀴와 똑같은 것을 만들어 냈다. 톱니바퀴들은 모두 갖춰졌지만, 굴대와 축대가 휘어진 것이 문제였다. 머리를 맞댄 세 사람이 고심을 거듭한 끝에 장영실이 해답을 냈다.

"일단 하나씩 다 분리해서 뒤틀리고 휘어진 것을 맞춰야겠습니다."

그러자 이천이 펄쩍 뛰었다.

"그랬다가 다시 끼워 맞추지 못하면 큰일일세."

"하지만 방법이 없지 않습니까? 톱니바퀴들을 억지로 끼워 맞춘다고 해도 얼마 못 가서 부서지고 말 겁니다. 그게 아니라고 해도 제대로 돌지 못하면 정확한 측정을 못 할지도 모르고요."

장영실의 이야기를 들은 이천이 잠시 고민하다고 고개를 끄덕거렸다.

"어차피 자네가 아니었다면 이만큼 오지도 못했을 것이야. 뜻대로 하게."

결론이 나자 곽 씨 노인이 나섰다.

"서두르는 게 좋겠다. 슬슬 해가 질 기미가 보여."

장영실은 거적을 여러 개 펼쳐 놓고 그 위에 기리고차의 부품들을 하나씩 분해해서 올려놨다. 그러면 곽 씨 노인이 휘어지거나 뒤틀렸는지 여부를 일일이 확인했다. 심하게 훼손된 것은 도구로 고치거나 아예 새로 만들었다. 그 모습을 본 이천은 입을 다물지 못했다.

기리고차는 굴대와 수레바퀴만 빼고 모두 분해되었다. 어둑해질 기미가 보이자 동래 현감이 보낸 횃불을 환하게 밝혔다. 장영실은 기리고차를 도로 조립하면서 톱니바퀴들을 맞춰 나갔다. 축대에 끼운 채 아귀를 맞춰야 했기 때문에 쉽지 않은 일이었다. 묵묵히 톱니바퀴들을 모두 끼워 맞춘 장영실은 안도의 한숨을 쉬면서 어깨를 늘어뜨렸다. 옆에서 지켜보던 곽 씨 노인이 어깨를 두드려 줬다.

"고생했다."

"이제 제대로 돌아가는지 살펴보고 틀을 씌우면 되겠네요."

"동래 관아를 한 바퀴 돌아보도록 하자꾸나."

이천의 부탁을 받은 동래 현감이 급히 말과 마부를 보냈다. 마구를 채우고 조심스럽게 움직이자 수레바퀴가 굴러가면서 톱니바퀴도 따라서 움직였다. 삐걱거리는 소리와 함께 맞물린 톱니바퀴들이 돌아갔다. 굴대에 붙은 톱니바퀴에 연결된 커다란 아래 바퀴가 천천히 돌아가면서 축대로 연결된 6개의 요철이 붙은 작은 톱니바퀴가 돌아갔고, 거기에 연결된 중간 바퀴가 움직였다.

장영실은 서로 맞물린 채 정교하게 돌아가는 톱니바퀴들을 보면서 묘한 쾌감을 느꼈다. 외삼문으로 나간 기리고차는 천천히 관아를 한 바퀴 돌았다. 거의 다 돌았을 무렵, 톱니바퀴와 연결된 쇠붙이가 종을 때렸다. 조마조마한 심정으로 바라보던 장영실은 안도의 한숨을 쉬었다.

이천은 활짝 웃으며 장영실의 두 손을 꼭 잡았다.

"자네 덕분에 기리고차를 고쳤네. 정말 고맙네."

"이제 약속대로 달쇠 아저씨는 처벌하지 않으시는 겁니다."

"여부가 있겠나? 걱정 말게."

이천은 기리고차를 끌고 포구로 향했다. 멀어져 가는 이천과 기리고차를 보던 장영실에게 옆에 있던 곽 씨 노인이 물었다.

"어땠느냐?"

"뭐가 말입니까?"

"톱니바퀴를 짜 맞춰서 기리고차를 고쳤을 때의 느낌 말이다."

"느낌이랄 게 있겠습니까? 그냥 잘 끝나서 다행일 뿐이지요."

"끝이 난 건 아니란다. 어쩌면 시작일지도 모르지."

뜻 모를 말을 남긴 곽 씨 노인이 돌아섰다.

蔣英實

- 혼천의 渾天儀

세종대왕의 명을 받아 세종 14년(1432), 장영실, 이천 등이 이듬해 6월 제작하였다. 천체의
운행과 위치를 측정하던 관측기구로, 천문역법에 있어 표준의 역할을 하였다. 삼국 시대 후
기부터 고려 시대에도 사용했을 것으로 추정되나 문헌상에 나타난 기록은 1433년 장영실
이 발명한 것이 최초이다.

울타리를 가꿀 사람

"전하! 군기감정 이천 입시이옵니다."

사정전(思政殿) 바깥을 지키고 있던 내시가 고하자 보료 위에 앉아서 《춘추》를 읽던 임금이 고개를 들었다.

"들라 하여라."

책을 덮은 임금은 껌뻑거리는 촛불이 희미하게 보이는 것을 느끼고는 두 손으로 관자놀이를 눌렀다. 사정전으로 들어선 이천은 절을 올리고 방석 위에 앉았다.

"전하, 어안이 안 좋으십니까?"

"책을 많이 봐서 그런가 보네. 왜국은 잘 다녀왔는가?"

"파도가 높기는 했지만 별다른 어려움 없이 잘 다녀왔사옵니다. 가서 보고 들은 것을 토대로 지도를 만들고 있습니다."

"비록 국교를 맺었다고는 하나 왜국은 절대로 믿을 만한 자들이 아닐세. 전 왕조인 고려만 해도 그들의 괴롭힘에 얼마나 큰 고통을 겪었는지 모른다네."

"전하의 깊은 뜻을 잘 알고 있사옵니다. 만약 전쟁이 나서 우리 군대가 대마도나 왜국으로 건너가게 될 때 길잡이가 될 만한 지도를 꼭 만들겠사옵니다."

"기리고차까지 가져갔으니 꽤 정밀한 지도가 나오리라 믿네."

"신이 최선을 다하겠나이다."

이천의 대답을 들은 임금이 흡족한 표정을 지었다.

"과인이 따로 부른 연유가 무엇인지 아느냐?"

그것은 이천 역시 궁금했다. 군기감정이긴 했지만 아직 임금과 독대할 만한 지위는 아니었다. 거기다 상왕께서 양위를 하신 지 몇 년 지나지 않은 상황이라 궐 안의 분위기는 매우 미묘했다. 그 분위기를 못 읽으면 목숨을 내놓게 될 판이었다. 이천이 섣불리 입을 열지 못하자 임금은 깊은 한숨을 내쉬었다.

"과인은 본디 왕위에 오를 상황이 아니었네."

"저, 전하."

이천은 바짝 몸을 낮췄다.

본래 임금은 상왕의 셋째 아들이었다. 하지만 맏아들이자 세자인 양녕대군이 거듭 말썽을 부리자 상왕이 셋째인 그를 세자로 삼아 왕위를 물려줬다. 다만 군권은 상왕이 그대로 쥐고 있었기 때문에 어찌 보면 임금이 둘인 셈이었다.

이천이 깊이 생각에 잠긴 표정으로 침묵을 지키자 임금은 짧게 한숨을 쉬었다.

"양위를 하겠다고 하셨을 때 과인이 석고대죄를 하면서 명을 거둬 주실 것을 청했지. 그때 상왕께서는 임금의 자리에서 물러나는 것은 해야 할 일을 하고자 함이라는 말씀을 하셨네."

"해야 할 일을 하고자 왕위에서 물러나신다고 하셨습니까?"

이천의 반문에 임금은 고개를 끄덕거렸다.

"왕씨가 세운 고려가 500년 남짓한 역사를 이어 오다가 천명을 받은 태조 전하에 의해 막을 내렸네. 그리고 조선 왕조가 개국한 지어언 30여 년이 흘렀지."

"그러하옵니다."

"이제 왕조의 기반은 단단해지고, 고려 왕조의 기억을 가진 이들도 거의 사라졌네. 그러니 이제는 우리 조선이 오랫동안 유지될 수 있는 기반을 닦아야 하네. 그것이 바로 자신이 할 일이라고 상왕 전하께서 말씀하셨네. 그래서 과인의 장인인 심온을 처벌했고, 군권을 어지럽히는 병조참판 강상인을 지방의 관노로 삼으셨네. 과인이 통치하는 데 그 누구도 방해하지 못하게 하기 위해서 말이야."

이천은 비로소 상왕의 의중을 알아챘다. 기반을 다지는 것은 한 명의 임금에게는 너무나 복잡한 일들이었다. 그래서 두 명의 임금이 나눠서 그 일을 하려고 하는 것이다. 그러면서 자신이 가지고 있는 권력을 절대로 놓지 않았다. 이천은 임금이 보이는 피로감이 비로소 이해가 갔다. 잠시 말을 끊었던 임금이 입을 열었다.

"상왕께서는 대마도의 왜구를 토벌하기 위한 준비를 하고 계시네."

"전하……."

이천은 할 말을 잃었다.

"상왕께서 하실 일은 하실 일이고, 과인이 할 일은 따로 있는 법. 지금부터 천천히 준비할 생각일세. 그대가 보기에 과인이 할 일이 무엇이라고 보는가?"

질문을 받고 주저하던 이천이 대답했다.

"상왕께서 바깥을 치고 울타리를 단단히 하신다면, 전하께서는 마땅히 그 울타리 안을 잘 가꾸셔야 하옵니다."

"울타리 안을 잘 가꿔야 한다……."

이천은 자신의 대답이 혹시나 임금의 마음에 들지 않았을까 걱정이 되었다. 하지만 임금은 껄껄 웃으면서 수염을 쓰다듬었다.

"지금까지 과인이 들었던 대답 중 가장 마음에 드는군."

"송구하옵니다."

"그대의 말대로 과인은 울타리 안을 잘 가꿀 생각이네. 그러려면 필요한 것들이 많아."

"무엇이 필요하신지 하명만 하시면 신이 목숨을 걸고 해내겠나이다."

"그대 말대로 울타리를 가꿀 사람이 필요하네."

뜻밖의 대답을 들은 이천이 저도 모르게 고개를 들었다. 그러자 임금이 곤룡포 소매에서 꺼낸 작은 책을 이천에게 건넸다. 두 손으로 책을 받은 이천은 조심스럽게 펼쳤다. 한 면에는 그림이 그려져 있고, 다른 한쪽에는 그림에 대한 설명이 들어 있었다. 한 장씩 펼

치던 이천은 너무나 놀란 나머지 입을 다물지 못했다.

"전하, 이것은……."

"과인의 꿈일세. 지금까지 누구에게도 보여 준 적이 없지."

"엄청난 것들입니다."

"아까 울타리 안을 잘 가꿔야 한다고 그대가 말하지 않았느냐."

"그, 그렇긴 합니다만."

"왕조가 오래가려면 군대가 강성하고, 국경을 튼튼히 하는 것으로는 충분하지 않네. 기틀을 단단히 다져야만 하는데, 그러려면 그 책에 적혀 있는 것들을 만들어야만 하지. 과인의 생각이 틀렸느냐?"

"아니옵니다. 다만 너무 엄청난 일들이라서 놀랐을 따름입니다."

"그래서 사람이 필요하네. 그 책에 있는 것들을 실물로 만들어 낼 사람이 말이야."

"하긴……."

"원리를 깨달아야 하는 것은 물론, 한 치의 오차도 없이 정교하게 만들어 내는 사람 말일세. 그러니 보통의 장인으로는 어림도 없는 일이고, 탁월한 손재주와 눈썰미를 가지고 있어야만 하네."

"팔도를 뒤져 보면 적임자가 있을 것입니다."

이천의 대답에 임금이 가만히 고개를 끄덕거렸다.

"필요하다면 중국인이나 여진인, 왜인들을 쓰는 것도 마다하지 않을 것이다. 재능만 가지고 있다면 신분고하를 막론하고 중용할 것이네."

"하오나……."

"안팎으로 반대가 많을 걸세. 당장 대신들부터 가만 있지 않겠지. 하지만 체통을 차리느라 해야 할 일을 포기할 수는 없네. 이 일들은 과인이 왕위에 있는 동안 해내야 할 일들이네."

임금의 얘기를 들은 이천은 향화인이나 미천한 자들을 중용하는 것에 반대할 것이 뻔한 대신들의 모습이 떠올랐다. 그리고 명나라나 왜국이 어떻게 나올지도 걱정스러웠다. 하지만 임금의 뜻은 굳건해 보였다.

"신이 할 일을 하명해 주시옵소서."

"손재주가 있는 자들을 모아 주게. 앞서 얘기한 대로 신분고하를 막론하고, 여진인이나 왜인 같은 향화인들도 상관없네. 그들을 한자리에 모아 기량을 시험하고, 그중 특출 난 자들을 곁에 두고 일을 시킬 생각이야. 그대가 그 일을 맡아 주게."

"분골쇄신하겠나이다."

이천은 고개를 깊숙이 숙이면서 대답했다. 머릿속에는 몇 달 전, 동래에서 만났던 관노가 한 명 떠올랐다.

'장영실이라고 했던가?'

다른 때처럼 일을 마치고 집으로 돌아가려던 장영실에게 형방이 찾아왔다.

"현감께서 찾으신다."

"네?"

오작인으로 관아에서 일한 지 3년이 넘었지만, 사또가 부른 적은 단 한 번도 없었다. 작년에 기리고차를 고쳤을 때에도 고작해야 형방을 통해서 수고했다는 말을 했을 뿐이었다. 또한 사또가 관노를 부를 만한 이유가 도통 떠오르지 않았다. 혹시 무슨 잘못을 저질렀는지 겁에 질려 있는데 형방이 피식 웃었다.

"나쁜 일은 아니니까 걱정 말고 따라오너라."

"알겠습니다."

옷매무새를 추스른 장영실은 형방을 따라 동헌(東軒)으로 향했다. 내삼문으로 들어서자 바깥의 소란스러움과는 달리 고요함이 찾아왔다.

높다란 기단 위에 자리 잡은 동헌 대청에는 동래 현감이 앉아 있었다. 기단 섬돌에서는 아전 한 명이 붓을 들고 쪼그리고 앉아 현감의 말을 종이에 받아 적는 중이었다. 기단 아래 선 형방이 헛기침을 하자 현감이 고개를 돌렸다. 형방이 고개를 숙이며 입을 열었다.

"관노 영실을 데려왔사옵니다."

"수고했다."

형방의 손짓에 따라 옆으로 나온 장영실이 고개를 꾸벅 숙였다. 그러자 현감이 물었다.

"네가 장영실이냐?"

"그렇사옵니다."

"방금 한양의 경주인(京主人)*에게 기별이 왔다. 너를 한양으로 보내라는 조정의 명이 있었다는구나."

현감의 얘기를 들은 장영실은 무슨 뜻인지 몰라서 눈만 껌뻑거렸다. 그러자 형방이 나섰다.

"영실이는 선상노가 아니온데 무슨 일로 한양에서 올려 보내라는 것이옵니까?"

"경주인도 상의원(尙衣院)**에서 연통을 받은 모양이다. 장영실이라고 지목을 했는데 어찌 된 연유인지는 올라오면 알려 주겠다고 하였느니라."

"언제 올려 보낼까요?"

"가급적 빨리 올리라고 했으니 이틀 후에 한양으로 가는 경방자(京房子)***와 함께 올려 보내거라."

이야기를 마친 동래 현감이 물러가라는 손짓을 하자 형방이 장영실의 소매를 끌고 동헌 밖으로 나왔다. 아직도 얼떨떨해 있던 장영실이 물었다.

"한양에서 소인을 왜 부른답니까?"

"낸들 알겠느냐. 얼른 집에 가서 올라갈 준비를 하여라. 얼마나

---

* 조선 시대 지방 관아에서 한양에 파견한 아전. 주로 지방에서 한양으로 올려 보내는 선상노(選上奴)의 관리와 특산물을 바치는 방납 관련 업무를 처리했으며, 지방에서 한양으로 부역을 보내는 백성의 숙식을 책임지기도 했다. 경저리나 경저인이라고도 불렀으며, 이들이 사무를 보는 공간은 경재소라고 불렀다.
** 왕실의 금은보화와 의복을 책임지는 관청
*** 공문이나 기별지를 전달하던 노비

걸릴지 모르니까 옷이랑 노잣돈 넉넉히 챙겨라. 짚신은 내가 챙겨 주마."

갑작스러운 얘기에 갈피를 못 잡은 장영실은 돌아서는 형방을 붙잡았다.

"저, 한양에 꼭 올라가야 합니까?"

"너도 현감께서 하신 얘기 들었잖느냐. 상의원에서 너를 지목했으니까 안 갈 수가 없다."

"제가 한양으로 올라가면 어머니는 누가 돌보고요?"

"그건 알아서 잘 얘기하여라."

형방은 짜증 섞인 말투로 대답하고 붙잡힌 소매를 뿌리쳤다.

우두커니 서 있던 장영실은 일단 감옥 뒤쪽 초가집으로 향했다. 검시를 끝내고 법물을 만지던 곽 씨 노인에게 엉거주춤 다가간 장영실이 입을 열었다.

"한양에서 올라오라는 연락을 받았습니다. 뭐가 뭔지 모르겠습니다."

그러자 손에 든 법물을 내려놓은 곽 씨 노인이 눈을 껌뻑거리면서 대답했다.

"뭐긴, 새로운 세상이 열리는 거지."

"전 그냥 여기 있고 싶은데요."

"주변을 둘러보아라."

뜬금없는 얘기였지만 장영실은 시킨 대로 주변을 돌아봤다. 익숙한 감옥과 옥졸들, 담장 등이 보였다.

"여기가 편안하다고 느낀 것은 오래 있었기 때문이다. 사람은 늘 주변 풍광이 익숙해야만 편안해지니까 말이다. 하지만 4년 전에 네가 여기 왔을 때를 떠올려 보려무나."

"무서웠어요."

짤막한 장영실의 대답에 곽 씨 노인은 소리 없이 웃었다.

"동래 관아의 장영실은 기껏해야 손재주가 좋은 오작인일 뿐이다. 이 삶에 만족한다는 것은 너나 네 가족에게도 결코 좋은 일이 아니야."

"낯선 한양에 가는 게 왜 저한테 좋은 건가요?"

"왜냐하면……."

잠깐 말을 끊은 곽 씨 노인이 잔기침을 쏟아 낸 후 대답했다.

"넌 이런 일을 하려고 태어난 건 아니니까."

확신이기도 하고 슬픔이기도 한 곽 씨 노인의 말에 장영실은 아무 대답도 할 수 없었다. 곽 씨 노인이 집에 돌아가서 준비를 하라고 등을 떠밀었다.

터덜터덜 걸어서 집으로 돌아온 장영실은 안방에 누워 있는 어머니에게 이 사실을 알렸다. 반대하고 나설 줄 알았던 어머니는 뜻밖의 얘기를 했다.

"잘됐구나. 내 걱정은 말고 한양으로 올라가거라."

"어떻게 제가 어머니 걱정을 하지 않을 수가 있어요. 형방 나리 께 말해서 그냥 여기 있으려고요."

"아서라. 남들은 없는 일을 만들어서라도 한양에 가려고 하는데 어째 그런 말을 하니."

"한양에 뭐가 있다고 올라가요."

장영실의 대답에 어머니는 잠시 주저하다가 입을 열었다.

"네 아버지가 있다."

어머니가 여태껏 단 한 번도 하지 않았던 아버지 이야기라서 듣 는 순간 침묵을 지킬 수밖에 없었다. 철이 들면서부터 남들에게 다 있는 아버지가 없다는 사실이 내내 궁금했지만, 어머니는 일언반 구도 하지 않았다. 단지 아버지가 원나라 사람이었다는 것 정도밖 에는 말이다. 장영실이 놀란 눈으로 바라보자 어머니가 폭 가라앉 은 한숨을 쉬었다.

"한양에 가서 아버지를 찾아라."

"이름이라도 알아야 찾죠."

"때가 되면 알 것이니라."

장영실은 알쏭달쏭한 말을 남긴 어머니가 힘겹게 몸을 일으켜서 부엌으로 나가는 걸 물끄러미 지켜봤다.

그때 밖에서 그를 부르는 목소리가 들렸다. 문을 열고 나가자 헐 레벌떡 달려왔는지 숨을 헐떡거리는 분이가 서 있었다.

"방금 얘기 들었어. 한양으로 올라간다며?"

장영실이 대답 대신 고개를 끄덕거리자 분이는 울 것 같은 표정을 지었다.

"선상노도 아니면서 왜 올라가?"

"한양에서 날 찾아서 올라오라고 했나 봐."

"이 촌구석에서 일하는 관노를 왜?"

의문보다는 안타까움이 가득한 그녀의 반문에 장영실은 고개를 저었다.

"나도 모르겠어."

"가면 언제 돌아올 수 있는데?"

"그것도 모르겠어."

"안 가면 안 돼? 한양에서는 멀쩡한 사람 잡아다가 코도 베어 간대."

두 사람의 대화는 부엌에서 들려온 어머니의 목소리가 끼어들면서 깨졌다.

"어디서 천한 관기가 남자의 앞길을 가로막느냐."

그 얘기를 듣고 발끈한 분이는 장영실의 만류를 뿌리치고 부엌 쪽으로 다가갔다.

"그렇게 말하시는 영실이 어머니는 관기 출신이 아니에요? 아들이 잘난 건 아는데 너무 그러지 마시라고요."

"우리 아들은 내 아들이라는 거 빼고 빠지는 거 없다. 너랑 어울리면 앞날에 뭐가 보이겠니?"

"그래서 어머니는 잘난 아들 앞길 걱정해서 아버지가 어디 있는지도 모르는 아들을 낳으셨어요?"

이러다간 둘이 싸울지도 모른다는 생각에 장영실은 분이의 팔을 잡았다.

"어머니한테 왜 이래?"

"네 어머니니까! 자기도 나랑 똑같은 신세면서 나만 보면 못 잡아먹어서 안달이잖아."

분이의 얘기를 들은 어머니도 지지 않고 쏘아붙였다.

"내가 그 일을 해 봐서 잘 안다. 이 남자 저 남자 품에 안기는 주제에 감히 우리 아들을 탐내?"

장영실은 두 사람을 떼어 놓으려고 분이의 팔을 잡고 싸리문 밖으로 나갔다. 질질 끌려 나온 분이는 원통하다는 표정을 지었다.

"나도 이렇게 살고 싶어서 사는 줄 알아? 태어날 때부터 이렇게 살라고 해서 그런 거잖아."

"잘 아니까 참아."

장영실의 말에 분이는 눈물을 글썽거리며 대답했다.

"딴 사람도 아니고 그걸 잘 아는 네 어머니가 저러니까 더 분하고 억울하잖아."

"아니까 참아. 어머니도 내가 갑자기 한양으로 간다고 하니까 충격을 받으셨나 봐."

"언제 한양으로 올라가?"

"내일모레. 경방자랑 함께 올라가."

"그럼 오늘 저녁은 나랑 같이 있어 줄래?"

간절함이 담긴 그녀의 말에 장영실은 저도 모르게 고개를 끄덕거렸다.

"그럼 이따가 해 떨어지고 성 밖 김 선달 집으로 와. 알았지."

"그럴게."

어머니에게 무슨 핑계를 대야 할지 감이 안 잡혔지만, 일단 그녀를 달래는 게 우선이었다. 신신당부를 한 분이가 돌아가자 한숨을 돌린 장영실은 집으로 들어갔다.

옷가지를 챙긴 장영실은 해가 떨어질 기미가 보이자 안절부절못했다. 어머니가 저녁을 먹자고 할 게 뻔했기 때문이다. 장영실의 눈치를 살핀 어머니가 혀를 찼다.

"뭘 하고 있냐? 어서 갔다 오지 않고."

"그, 그게."

"가서 일이나 벌이지 마."

어머니의 말이 끝나기가 무섭게 밖으로 나간 장영실은 김 선달 집으로 뛰어갔다.

남문 밖에 있는 김 선달 집은 제법 넓고 담장이 높아서 남들 눈에 띄지 않게 술을 마시거나 누군가를 만나려는 사람들이 종종 애용했다. 원래 꽤 부잣집이었지만 김 선달이 술과 노름을 좋아하는 바람에 폭삭 망해 지금은 이렇게 방을 빌려 주는 것으로 생계를 연명했다. 숨을 헐떡거리면서 들어서자 대청에 앉아서 꾸벅꾸벅 졸고 있던 김 선달이 고개를 들었다. 그러고는 턱으로 행랑채를 가리켰다.

"뭐 빠지게 뛰어온 걸 보니 여자로구먼. 행랑채 끝 방일세."

인사를 하고 행랑채로 간 장영실이 문을 열자 곱게 차려입은 분이가 찬합에 가져온 음식을 개다리소반 위에 차려 놓고 있는 게 보였다.

"어서 들어와."

문을 닫고 방으로 들어간 장영실은 차려진 음식을 보고 입을 다물지 못했다. 분이가 개다리소반 밑에 있던 주머니를 건넸다. 주머니를 열어 본 장영실은 안에 든 금 귀걸이를 보고 깜짝 놀랐다.

"어디서 난 거야?"

"어찌어찌 구한 거야. 한양 가면 시골에서 왔다고 놀릴지도 모르니까 이거 꼭 귀에 하고 가."

반짝거리는 금 귀걸이에서 눈을 떼지 못하는 장영실에게 그녀가 술잔을 건넸다.

"삼해주(三亥酒)* 한 잔 받아."

"이 귀한 삼해주는 어디서 난 거야?"

"사또한테 갈 건데 내가 한 병 숨겨 뒀어."

"간이 배 밖으로 나왔구나."

---

* 한국의 전통술로 매년 정월 해일(亥日), 즉 돼지일에 세 번에 걸쳐 빚기 때문에 삼해주라는 이름이 붙었다.

"관기 신세라는 게 다 그렇지, 뭐."

술잔에 가득 찬 향긋한 삼해주를 단숨에 들이켠 장영실에게 그녀가 젓가락으로 생선전을 집어 주었다.

"네가 여기서 썩을 사람은 아니라는 거 알긴 했는데 이렇게 빨리 떠날 줄은 몰랐어."

"내가 무슨 재주가 있다고?"

피식 웃은 장영실에게 분이가 말했다.

"네 손재주는 하늘에서 내려 준 게 틀림없다고 다들 그러는 걸."

"관노 주제에 손재주가 좋아 봤자야."

"타고난 손재주로 관노에서 벗어나 봐."

분이의 말에 장영실은 심드렁하게 대꾸했다.

"그냥 노비도 아니고 관노가 면천(免賤)되는 게 쉬운 줄 알아?"

"쉽지 않으니까 네가 할 수 있다는 거지. 내 말 잘 들어."

개다리소반을 옆으로 치우고 장영실에게 바짝 다가간 그녀가 말을 건넸다.

"아까 관아로 돌아가서 알아보니까 조정에서 무슨 쓰임새가 있어서 널 부른 거래."

"그렇긴 하겠지."

"그러니까 그 일만 잘하면 상을 받을 수 있는데 너한테 뭘 해 주겠어?"

분이의 얘기를 듣자 장영실의 머릿속에 면천이라는 단어가 어른거렸다. 그렇게만 된다면 어머니와 함께 행복하게 살 수 있을 거 같았다. 그의 속마음을 짐작했는지 분이가 손으로 뺨을 쓸었다.

"너라면 할 수 있을 거라고 믿어. 그러니까 한양으로 가서 보란 듯이 성공해."

마른침을 삼킨 장영실이 고개를 끄덕이자 희미하게 웃은 분이가 옷고름을 풀면서 덧붙였다.

"그리고 날 잊지 마."

저고리 속에 감춰졌던 그녀의 뽀얀 속살을 본 장영실은 입을 다물지 못했다. 그 입에 자신의 입술을 맞춘 분이가 나머지 옷을 벗고 그의 품에 안겼다.

이틀 후, 어머니와 곽 씨 노인, 분이가 경방자와 함께 한양으로 떠나는 장영실을 배웅했다. 짚신 한 축이 달린 괴나리봇짐을 맨 장영실은 성 밖까지 나온 그들에게 손을 흔들어 주고는 북쪽으로 떠났다.

한양에 가다

"우와!"

숭례문 앞에 선 장영실은 그 웅장함에 입을 다물지 못했다. 함께 오는 내내 시골뜨기라고 장영실을 무시했던 경방자가 혀를 찼다.

"촌티 그만 내고 얼른 따라 들어와."

경방자를 따라 한양으로 들어선 장영실은 길가를 따라 쭉 이어진 집과 넓은 거리를 보고 또 놀랐다. 동래만 해도 작은 고을은 아니었는데 한양은 비할 바가 아니었다. 넓은 길가에는 빼곡하게 집들이 들어서 있었고, 거리에는 사람들이 가득했다. 정신을 차리지 못하는 장영실에게 경방자가 이것저것 설명해 줬다.

"저기 흘러가는 게 바로 한양을 좌우로 흐르는 개천(開川)*이야. 여길 건너가면 운종가(雲從街)**와 육조거리***가 나오지."

"저기 저 언덕은 뭡니까?"

"황토마루****나 황토현이라고 부르지. 저기에 서면 육조거리와 운종가가 한눈에 들어와. 경재소로 가려면 저 길 넘어가야 해."

괴나리봇짐을 추스른 장영실은 경방자의 뒤를 따라 황토마루를 올랐다. 사거리 한복판에 있는 곳이라 사람들이 쉴 새 없이 오갔다. 황토마루에 올라서자 경방자의 말대로 한양의 풍경이 한눈에 들어왔다. 좌우로 펼쳐진 운종가의 행랑은 끝이 보이지 않았고, 너무나 넓은 육조거리에는 고래등 같은 기와집들이 나란히 서 있었다. 동래현에서는 현감이나 타고 다니는 가마들이 여러 개 보였다. 한양 풍경을 넋 놓고 바라보는 장영실의 눈에 운종가 한복판에서 무언가를 만드는 게 보였다. 동래 관아의 내삼문처럼 다락이 달린 문루였는데, 초석이며 기둥의 크기가 비교가 안 될 정도로 컸다.

"저건 뭔데 저렇게 큽니까?"

"종루(鍾樓)를 새로 올리려나 봐."

"종을 거는 곳이요?"

"어마어마하게 큰 종이지. 아침저녁으로 종을 쳐서 성문을 여닫는 걸 알려 줘야 하거든."

장영실은 귀찮다는 표정으로 설명한 경방자에게 이끌려 운종가로 내려섰다. 그런데 경방자는 정작 넓은 길을 놔두고 길옆의 좁아터진 골목길로 그를 이끌었다.

---

* 지금의 청계천
** 지금의 종로. 조선 시대에는 시장이 형성되어 있었기 때문에 사람들이 구름처럼 몰린다고 해서 운종가라고 불렀다.
*** 지금의 광화문 광장. 좌우에 행정 관청인 육조가 있었기 때문에 육조거리라고 불린다.
**** 지금의 세종로 사거리에 있던 황토로 이루어진 언덕

"이보시오. 왜 넓은 길을 놔두고 이 좁은 골목길로 가는 겁니까?"

"모르는 소리 하지 말고 잠자코 따라오기나 해."

잠시 후, 운종가에서 누군가 우렁차게 외치는 소리가 들렸다. 그러자 길을 가던 사람들이 일제히 좌우로 흩어져서 걸음을 멈추고 고개를 조아렸다. 소리를 냈던 것은 발립을 쓰고 옆구리에 뭔가를 낀 사내였다. 배 속에서 끌어 모으는 듯한 묵직한 소리를 내면서 걸어가는 사내를 본 장영실이 물었다.

"저자는 누굽니까?"

"뭐긴, 인배(引陪)*지. 꽤 높은 벼슬아치인 거 같은데 때마침 잘 피했네."

잠시 후, 더그레와 까치등거리를 입은 군졸들이 깃발을 들고 걷는 게 보였고, 뒤로는 키 크고 건장한 하인들이 외바퀴 수레인 초헌(軺軒)을 끌고 지나가는 게 보였다. 초헌 뒤로도 노비들이 여럿 뒤따랐다. 행렬이 지나간 다음에야 길옆으로 물러난 사람들이 움직였다. 그 광경을 보고 나서야 왜 경방자가 넓은 운종가를 놔두고 좁은 골목길로 왔는지 알 거 같았다. 경방자가 잘난 척을 했다.

"그래서 이 길을 말을 피해 다니는 길이라는 뜻으로 피마골이라고 부르지. 따라와. 거의 다 왔어."

피마골을 앞장서서 걸은 경방자는 골목길이 거의 끝날 즈음에 나타난 기와집의 문을 열고 들어섰다. 장영실도 뒤따라 엉거주춤 안으로 들어섰다. 때마침 담장에 붙은 창고로 동래에서 한양으로 올린 미역과 전복을 비롯한 건어물들이 들어가는 중이었다. 마당

한복판에 서서 그 광경을 지켜보던 사내에게 다가간 경방자가 꾸벅 인사를 했다.

"경주인 어르신, 다녀왔습니다."

"어서 오너라. 서찰들은 받아 왔느냐?"

"여기 있습니다."

경방자가 괴나리봇짐에 넣어 둔 서찰들을 꺼내 공손하게 건넸다. 서찰들을 건네받은 경주인이 뒤에 서 있던 장영실을 힐끔 바라봤다.

"상의원에서 부른 게 저놈이냐?"

"그렇습니다."

경방자의 대답을 들은 경주인이 서찰을 옆구리에 낀 채 그에게 다가와서 말했다.

"올라오는 대로 대루원(待漏廳)**으로 보내라는 분부가 계셨다. 곧장 그곳으로 가거라."

"대루원이 어디 있는 겁니까?"

그러자 귀찮다는 표정을 지은 경주인이 경방자에게 말했다.

"저놈을 데려다 주고 오너라."

"그다음에 주막집에서 술 한 잔 걸치고 와도 되겠습니까?"

---

* 정3품 이상의 관리가 행차할 때 앞길을 인도하는 관노로 기름 먹인 종이로 만든 가마덮개인 안롱을 끼고 앞장서 걷는다. 인배가 큰 목소리로 잡인들에게 물러나라고 외치는 소리가 벽제소리이다.
** 관리들이 궁궐로 들어가기 전에 궁 밖에서 잠시 머물던 곳으로 경복궁의 경우 영추문 앞에 있었다. 승정원에서 관리했으며 두 명의 군사가 지켰다고 한다.

"해 떨어지기 전에나 들어와."

경방자에게 얘기한 경주인이 건어물을 넣고 있는 창고 쪽으로 걸어갔다. 경방자가 멍하니 서 있던 장영실의 어깨를 쳤다.

"따라와라, 촌놈."

장영실은 경주인에게 인사하고 밖으로 나가는 경방자의 뒤를 따랐다. 피마골을 나온 경방자는 육조거리로 걸어갔다. 어마어마하게 넓은 육조거리를 본 장영실은 입을 다물지 못했다. 높다란 담장과 솟을삼문이 끝없이 이어졌다. 앞장서 걷던 경방자가 솟을삼문에 걸린 현판들을 차례로 읽어 줬다.

"저긴 이조(吏曹)와 한성부(漢城府)고, 그 옆으로 호조(戶曹)가 있어. 오른쪽에는 예조(禮曹)를 비롯해서 사헌부(司憲府), 병조(兵曹), 형조(刑曹)와 공조(工曹)가 있지."

설명을 듣던 장영실은 육조거리 끝에 있던 어마어마하게 큰 대문을 보고 경방자에게 물었다.

"저기 저 큰 대문은 대체 뭡니까?"

"대문이라니, 저기가 바로 나라님이 사시는 경복궁의 정문인 광화문이야."

동래 읍성의 성문보다 몇 배나 크고 2층 누각까지 있는 광화문은 어마어마한 위용을 자랑했다. 먼발치에서 옆으로 돌아간 경방자는 영추문이라는 현판이 붙은 문 앞에서 걸음을 멈췄다. 그리고 턱으로 길 옆에 있는 기와집 한 채를 가리켰다.

"저기가 대루청이니까 들어가 봐."

경방자는 장영실을 남겨 놓고 인파 속으로 사라졌다.

홀로 남은 장영실은 주저하다가 대루청 앞에 섰다. 대문 앞을 지키고 있던 군졸이 인상을 썼다.

"여기가 어딘 줄 알고 기웃거리느냐!"

"저, 대루청으로 오라는 분부를 받았습니다."

얘기를 들은 군졸이 고개를 갸웃거렸다.

"그래? 안채 뒤편에 행랑채로 가 보아라."

조심스럽게 대루청 안으로 들어간 장영실은 대문을 지키는 군졸의 얘기대로 안채를 돌아서 뒤쪽으로 갔다. 담장을 따라 길게 이어진 행랑채에는 수십 명의 사내들이 있었다. 발립에 도포 차림의 양반도 있었지만, 대부분은 장영실처럼 바지저고리 차림의 천인이나 백성이었다. 그가 쭈뼛거리면서 모습을 드러내자 삼삼오오 모여서 얘기를 나누던 사내들이 입을 다문 채 바라봤다. 어찌할 바를 모르던 그는 안채 쪽에서 나타난 낯익은 얼굴을 발견하고는 반색했다.

"나리!"

"어서 오게. 방금 도착한 건가?"

"네, 한양에 올라오자마자 바로 이곳으로 왔습니다."

"몇 번이나 사람을 보내 채근했거든."

씩 웃는 이천의 모습에서 안도감과 의문을 느낀 장영실이 물었다.

"그런데 소인이 왜 한양으로 왔는지 도통 모르겠습니다."

"지금 알려 주겠네. 어차피 자네가 마지막이었거든."

장영실을 데리고 사내들 틈으로 간 이천이 모두 모이라는 손짓을 했다. 그러자 사내들이 그를 중심으로 모여들었다.

"먼 길을 오느라 고생이 많았다. 이제 모두 다 모였으니 너희들을 왜 이곳으로 불렀는지 알려 주겠다."

침묵이 흐르는 가운데 이천의 말이 이어졌다.

"전하께서 나에게 명하시어 손재주가 좋은 자는 신분고하를 막론하고 불러들여서 중용하라 이르셨다. 그러니까 너희들은 왕명으로 팔도에서 뽑혀 온 것이다."

이천의 얘기를 들은 장영실은 비로소 한양으로 올라온 이유를 알게 되었다. 다른 사람들도 비슷한 상황인 듯 술렁거렸다. 그러다가 이마가 반쯤 벗겨진 키 큰 사내가 손을 번쩍 들었다.

"무슨 얘기인지는 알겠습니다. 그럼 우리들은 왕궁에서 일하는 겁니까?"

"그렇다. 맡은 일을 잘 해내면 큰 상과 벼슬을 받게 될 것이니 모두 최선을 다하기 바란다."

이천의 말에 사내들은 환호성을 지르며 기뻐했다. 그 모습을 지켜보던 이천이 손을 들어서 진정시켰다.

"물론 그냥은 아니고 시험을 칠 것이다. 내일 첫 번째 시험이 있을 테니 오늘은 푹 쉬도록 하여라. 각자 이름이 적힌 호패가 행랑채의 방 앞에 걸려 있다. 그걸 소지하고 있어라. 호패가 붙어 있는 방을 함께 쓰는 동료들과 한 조로 시험을 치를 것이다."

애기를 마친 이천이 떠나자 사내들은 행랑채로 향했다. 행랑채 처마에는 호패들이 매달려 있었다. 각자 자신들의 호패를 찾느라 잠시 소란이 벌어졌다. 그 와중에 글을 읽지 못하는 몇몇이 망신을 당했고, 방이 마음에 들지 않는다고 투덜대는 이들도 있었다. 장영실은 자신의 이름이 적힌 호패가 걸린 오른쪽 끝 방으로 향했다.

장영실이 들어간 방에는 그를 포함해서 네 명이 있었다. 한 명은 아까 손을 들고 질문했던 사내였고, 또 한 명은 약간 나이가 든 구부정한 사내였다. 나머지 한 명은 비교적 깔끔한 얼굴에 수염이 단정하게 나 있었다. 옷차림새도 발립에 백저포여서 다른 일행과는 좀 다르게 보였다. 백저포 사내가 아랫목을 차지한 채 나머지 세 명이 빙 둘러앉은 형태가 되었다. 어색한 침묵은 키 큰 사내가 입을 열면서 깨졌다.

"이것도 인연인데 각자 소개나 합시다. 나는 개성에서 온 홍만덕이라고 하오."

그러자 아랫목에 앉아 있던 단정한 차림의 사내가 떨떠름한 표정으로 이어받았다.

"조순생이외다."

눈치를 살피던 중년의 사내가 잔기침을 하면서 끼어들었다.

"임춘발이라고 하외다."

마지막으로 장영실이 입을 열었다.

"장영실입니다."

소개가 끝나자 홍만덕이 분위기를 잡았다.

"이제 내일부터 뭔가를 할 모양인데 서로 잘해 봅시다."

임춘발이라는 노인은 고개를 끄덕거렸지만, 조순생은 대놓고 불편한 모습을 보였다. 헛기침을 요란하게 하면서 돌아앉은 그는 나지막하게 투덜거렸다.

"어쩌다 이런 작자들과 함께 하게 되었는지 원……."

그러자 홍만덕이 코웃음을 쳤다.

"보아 하니 방귀깨나 뀌는 집안이라고 내세우고 싶으신 모양인데, 그쪽이나 우리들이나 똑같은 신세 아니겠소?"

"무엇이? 천한 것이 감히 무엄하다."

"다른 길이 있다면 이 대루청에는 왜 오셨소? 여기 온 사람들은 상의원에서 일을 시키는 장인이 될 것이라고 들었소. 만약 싫다면 지금 나가도 뭐라고 할 사람이 없다 이 말이외다."

결국 남아 있는 것은 다른 방도가 없기 때문이라는 뜻이었다. 조순생은 주먹을 불끈 쥔 채 부들부들 떨었지만 더 이상 입을 열지는 않았다. 어색한 분위기는 저녁까지 이어졌다. 양쪽이 으르렁대는 사이 임춘발이 장영실에게 물었다.

"동래에서 올라왔다고?"

"네."

"무슨 재주가 있어서 여기까지 불려왔는가?"

"이것저것 할 줄 알지만 특출 난 재주는 없습니다. 어르신은 어떻게 오셨습니까?"

"나야 여기가 고향이지. 활인서(活人署)에서 한증소(汗蒸所)*를 만드는 일을 했는데 돌을 무너지지 않게 잘 쌓았다고 포상을 받았지."

"그러셨군요."

대충 얘기를 들어 보니까 나라에서 어떤 일을 시키고자 재주가 있는 사람들을 모아 놓은 것 같았다. 그러면 언제 끝나서 고향으로 돌아갈지 짐작하기가 쉽지 않았다. 한숨을 쉰 장영실은 밖에서 들려오는 식사하라는 소리를 들었다. 그러자 눈싸움을 벌이고 있던 홍만덕과 조순생이 벌떡 일어나 밖으로 나갔다. 임춘발이 어리둥절해하는 장영실의 팔을 끌었다.

"늦으면 맛있는 게 떨어져."

허둥지둥 밖으로 나오자 맞은편에 있는 부엌 앞에 사내들이 쭉 서 있는 게 보였다. 부엌 앞에는 김이 모락모락 피어나는 밥솥이 보였다. 장영실은 임춘발과 함께 사내들 뒤에 섰다.

"다들 모였다고?"

보고를 받은 임금이 바라보자 이천은 고개를 숙였다.

---

* 빈민 구제기관 활인서에서 운영하던 일종의 한증막. 뜨거운 증기를 이용해 백성들의 질병을 고쳤던 것으로 전해진다. 처음에는 나무로 만들었다가 나중에는 돌로 축조했고, 한증승이라고 불리는 승려가 운영했다.

"동래에서 온 장영실까지 모두 도착했사옵니다."

"모두 몇 명이라고 했느냐?"

"모두 스물네 명입니다."

"그들이 조선 팔도에서 내로라하는 솜씨를 가진 장인이라 이 말이지?"

"그렇습니다. 신분이 미천한 자들도 있긴 하지만, 실력만큼은 빠지지 않는 자들입니다."

"그들 중에 과연 인재가 있는지 골라내야 하네."

임금의 말에 이천이 대답했다.

"그들 중 쓸 만한 자들을 골라낼 준비를 했사옵니다."

"자네만 믿겠네. 나라에 큰 도움이 될 인재들을 뽑도록 하게."

"분부대로 거행하겠습니다."

대답을 한 이천이 물러나려고 몸을 일으키자 주저하던 임금이 입을 열었다.

"대마도주가 국서를 보내서 야마사기(也馬沙其)를 송환해 달라고 요청했네."

"야마사기라면 칼 만드는 법을 잘 알고 있던 자 아니옵니까?"

"맞네. 내이포(乃而浦)에서 걸식하며 지내는 걸 사람을 보내서 귀화시켰지. 그자에 대한 소문이 들어간 모양이야."

"어찌하실 겁니까?"

"어차피 칼 만드는 법은 우리 장인들도 다 익혔네. 하지만 그자가 군기감(軍器監)* 장인과 함께 지내면서 화약 만드는 법을 익혔을

지도 모른다는 게 마음에 걸리네. 일단 그 부분을 확인해 보라고 지시했네. 그대는 각별히 조심해서 이번 일을 처리하게."

"명심하겠사옵니다."

"김새(金璽)** 문제도 그렇고, 명나라나 왜국이 어떻게 나올지 몰라서 신경이 쓰이는구나."

걱정인지 푸념인지 모를 임금의 얘기를 뒤로 한 채 사정전에서 나온 이천은 내일 있을 시험을 준비하고자 운종가로 향했다.

---

* 고려와 조선 시대에 무기를 만들던 관청으로, 조선 때는 화포도 함께 제작했다. 현재 서울시청 자리에 있었으며, 세조 때 군기시로 이름이 바뀌었다가 고종 때 폐지되었다.
** 명나라 기술자인 김새는 여진족의 포로로 잡혀 있다가 조선으로 탈출한 인물이다. 그의 재주가 뛰어난 것을 안 세종은 기생과 혼인을 시켜 귀화시키려고 했다. 하지만 명나라가 이 사실을 알 경우 국제 문제가 될 수 있다는 신하들의 의견을 받아들여 할 수 없이 돌려보냈다.

시험

장영실은 좀처럼 잠을 이루지 못했다. 홍만덕이 심하게 코를 곤 데다, 낯선 한양에 있다는 점 때문인 듯했다. 새벽 즈음에 곯아떨어졌다가 첫 닭이 울고, 은은한 종소리가 들려오자 잠에서 깼다. 아랫목에서 자고 있던 조순생을 빼고는 다들 약속이나 한 듯 눈을 떴다. 기지개를 켜는데 밖에서 작은 종을 치는 소리가 들렸다.

옷을 챙겨 입고 밖으로 나가자 관복 차림의 이천이 마당에 서 있는 게 보였다. 종소리를 듣고 나온 사내들이 제법 모이자 이천이 외쳤다.

"시험을 봐야 하니 주먹밥으로 배를 채우고 따르게."

이천의 말이 끝나자마자 부엌에서 광주리에 담긴 주먹밥이 나왔다. 사내들이 서둘러 주먹밥을 하나씩 들고 툇마루에 앉았다. 장영실도 하나 집어 들고 마당 구석으로 갔다. 어떻게 된 영문인지 이천에게 묻고 싶었지만 물어볼 만한 분위기가 아니었다. 사내들이 주먹밥으로 배를 채운 것을 본 이천이 대루청을 빠져나가자 함께 따라온 군뢰들이 사내들을 재촉했다. 우르르 끌려 나간 사내들과 함께 대루청 밖으로 나온 장영실은 그들을 따라 걸어갔다.

남쪽으로 향하던 장영실은 멈춰 선 이천을 발견했다. 그리고 그의 뒤에 있는 것을 보고 고개를 갸우뚱거렸다.

"저건 종루라고 했던 거 같은데?"

영문을 모르기는 다른 사내들도 마찬가지인 거 같았다. 종루는 아직 한참 공사 중이었다. 한쪽에는 지붕에 올릴 기와가 차곡차곡 쌓여 있었고, 그 옆에는 흙에 물을 부어 진흙을 산더미처럼 개어 놨다. 사내들이 앞에 모이자 이천이 뒤쪽의 종루를 가리켰다.

"저건 새로 옮겨 짓고 있는 종루다. 2층으로 만드는 터라 보다시피 지붕을 올릴 때 손이 많이 간다."

이천의 말대로 2층 지붕으로 올릴 흙과 잡목들을 사다리를 통해 한 명씩 올리는 중이었다. 한 층이라면 아래에서 던지고 위에서 받을 수 있지만, 2층이라 그게 어려웠던 것이다. 이천의 설명이 이어졌다.

"너희들은 내로라하는 재주를 가진 장인들이다. 하지만 이 중에서 옥석을 가리라는 주상 전하의 어명이 있어 오늘 이 자리에서 시험을 볼 것이다."

이천의 말에 사내들이 술렁거리는 가운데, 이번에도 홍만덕이 질문을 던졌다.

"뭘 시험한단 말입니까? 나리."

"저기 기와들이 보이느냐?"

이천이 아까 장영실이 눈여겨봤던 기와들을 가리키면서 말했다.

"지붕의 적심*과 보토**를 까는 것은 거의 끝났다. 이제 남은 것은 기와와 알매흙***을 사용해 마무리를 짓는 것이다. 너희들에게 내는 시험은 이 기와와 알매흙을 최대한 신속하게 올릴 수 있는 방법을 찾는 것이다."

장영실 옆에 서 있던 조순생이 손을 들고 대답했다.

"그거야 사다리를 걸쳐 놓고 사람이 옮기면 되지 않습니까?"

한참 일을 하고 있던 일꾼 중 한 명이 대답했다.

"이보슈! 적심이나 보토는 그렇게 할 수 있지만 기와를 한 장씩 올렸다가 어느 세월에 끝낼 수 있단 말이오. 거기다 떨어져서 부서지기라도 하면 난리 난단 말이외다."

일꾼의 설명을 듣고 이천이 덧붙였다.

"광화문 같은 누각은 담장과 이어지기 때문에 거기까지 올리고 한 층만 사다리로 올리면 그만이다. 하지만 종루는 주변에 담장이 없어 직접 올려야만 하므로 지체될 수밖에 없느니라."

"대체 어떻게 기와를 올린다는 말입니까?"

홍만덕의 물음에 이천이 가볍게 웃었다.

"그걸 찾는 게 너희들의 할 일이자 오늘의 시험이다. 해가 떨어

---

* 한옥 기와지붕의 무게중심을 잡고, 지붕의 경사도를 조정하려고 올리는 잡목들
** 적심 위에 덮는 흙. 단열과 지붕의 경사도를 조정하려는 목적이다.
*** 암키와를 접착시킬 때 쓰는 진흙으로 새우흙이라고도 부른다.

지기 전까지 기와를 올릴 만한 장치를 만들어라. 한 방에 머물렀던 자들끼리 같은 조이니 머리를 맞대고 논의해 보아라."

이천의 말이 끝나자 한 방에 머물렀던 이들끼리 모여들었다. 장영실도 자연스럽게 홍만덕과 조순생, 임춘발과 함께 모였다. 하지만 조순생은 노골적으로 불편한 기색을 드러냈고, 홍만덕 역시 머리를 쓰는 것보다 조순생에게 시비를 거는 데 열을 올렸다. 가장 나이가 많은 임춘발은 별 생각이 없는 듯 잠자코 있었기 때문에 장영실이 나서야만 했다.

"이렇게만 있지 말고 의견들을 좀 내놔 봐요."

그러자 홍만덕이 조순생을 바라보면서 이죽거렸다.

"저기, 머리 좋은 양반님이 알아서 하시겠지. 우리야 시키는 대로 일만 하면 되잖아."

홍만덕의 시비에 조순생은 요란한 헛기침으로 대답을 대신했다.

"한겨울도 아닌데 고뿔이 단단히 걸리셨구먼. 기침하다 득음하시겠네."

"이놈이 보자 보자 하니까 못하는 소리가 없구나!"

"아니, 내가 못할 말 했소? 그깟 발립이랑 백저포야 나도 운종가에 가면 얼마든지 구할 수 있다고!"

주먹다짐 일보직전까지 갔던 두 사람의 말다툼은 임춘발이 나서면서 간신히 막을 수 있었다.

"그만들 다투고 머리들 좀 짜내 봐."

나이 든 임춘발이 만류하자 홍만덕이 투덜대면서 덧붙였다.

"짜내고 말고 할 게 뭐가 있어요. 그냥 장대 세우고 도르래를 붙인 다음에 올리면 그만이지요."

"재목이나 돌은 그렇게 올릴 수 있을지 몰라도 기와를 올리라잖아. 그렇게 하면 기와를 여러 장 쌓아서 올려야 하는데 되겠어?"

"안 되면 되게 하면 그만이죠."

"그렇게만 말하지 말고 방도를 말해 보라고."

"거참, 여기 똑똑한 양반이 있는데 왜 자꾸 저한테 그러세요."

싸움이 홍만덕과 임춘발에게 옮겨 가자 장영실은 다른 쪽을 바라봤다. 논의가 끝난 조는 벌써 땅바닥에 그림을 그리며 어떻게 할지 얘기 중이었다. 일꾼들도 그런 모습을 보고는 할 일을 잠시 멈춘 채 구경했다. 먼발치에 서 있던 이천은 물끄러미 바라보기만 했다. 말싸움에서 빠져나온 조순생이 나뭇가지를 집어 들고 바닥에 그림을 그려 가면서 장영실에게 설명했다.

"사람을 안 쓰고 위로 올리는 방법이라면 역시 장대를 박고 도르래를 건 다음에 줄로 당겨서 올리는 것뿐이야."

"그런데 뭐가 문제입니까?"

"줄 하나로 올릴 수 있는 양이 적어서 문제라네. 돌이나 나무같이 큰 거라면 줄을 단단히 묶고 사람이 여럿 붙어서 당기면 그만이지만 기와는 그럴 수 없잖아. 한 번에 묶어서 올릴 수 있는 건 몇 개

안 되고, 한꺼번에 많이 올리려고 했다가 떨어뜨리기라도 하면 값비싼 기와가 망가지니.”

“다른 방법은요?”

장영실의 물음에 조순생이 고개를 갸웃거렸다.

“다른 게 뭐가 있겠어.”

그때 다른 조에서 먼저 움직이기 시작했다. 우르르 달려 나온 그들이 이천에게 다가가 이야기하는 게 보였다. 이천이 고개를 끄덕이자 그들은 자재가 쌓여 있는 쪽으로 움직였다. 그 조를 시작으로 다른 조들도 차례로 이천에게 다가가서 얘기를 하고는 움직였다. 마지막에 남은 건 장영실이 속한 조였다. 홍만덕과 임춘발의 말다툼은 그치지 않았고, 조순생은 관심이 없다는 듯 먼 산만 바라봤다.

그러는 사이 맨 처음 이천에게 달려갔던 조가 긴 통나무를 종루 옆으로 가져왔다. 땅을 파고 돌멩이를 채워 넣은 다음 조심스럽게 통나무를 세웠다. 통나무 끝에는 큼지막한 쇠못이 박혔고, 줄이 달린 도르래가 매달려 있었다. 그걸 본 조순생이 한마디 했다.

“통나무를 세우고 도르래를 건 다음에 올릴 모양이군. 저게 가장 빠르긴 하지.”

첫 번째 조가 빠르게 움직이자 다른 조들은 하던 일을 멈추고 주변에 모여들었다. 장영실도 어떻게 하는지 보려고 발걸음을 뗐다. 세워진 통나무 끝에는 사방으로 뻗은 줄이 늘어져 있었다. 네 방향으로 늘어선 사내들이 이리저리 줄을 당기고 끌면서 균형을 맞췄다. 그러고는 각자 선 자리에서 줄 끝을 쇠못에 묶고 땅에 박아서 고정시켰다. 옆에서 지켜보던 조순생이 한마디 했다.

"옳거니, 저렇게 하면 통나무가 쓰러지지 않지."

통나무를 고정시킨 다음에 도르래에 달린 줄에 광주리를 매달았다. 그리고 기와를 몇 개 쌓은 다음에 줄을 당겨서 도르래를 올렸다. 기와가 담긴 도르래가 조금씩 올라가다가 마침내 종루 2층 지붕에 도달했다. 주변에서 환호성과 박수가 터져 나오자 통나무를 세운 사내들이 기쁨을 감추지 못했다. 장영실은 생각보다 일찍 끝나자 허탈해했다. 하지만 곁에서 지켜보던 이천이 고개를 저었다.

"좋은 방식이긴 하지만 시험에는 통과하지 못했다."

"왜 통과가 안 된 겁니까?"

통나무를 세운 조에서 한 사내가 거친 목소리로 물었다. 그러자 이천이 도르래를 타고 2층 지붕 높이까지 올라간 광주리를 올려다보며 대답했다.

"저걸로 한 번에 올릴 수 있는 기와가 몇 장이나 되겠느냐? 기껏해야 다섯 장 정도겠지?"

"그래도 사다리를 타고 한 장씩 올리는 것보다는 편리하지 않습니까?"

사내의 반박에 이천은 대답 대신 일꾼 중 한 명을 불렀다. 다른 사람보다 비교적 깨끗한 옷차림인 걸로 봐서는 지붕에 올리는 일을 감독하는 장인 같았다. 이천에게 불려나온 장인은 냉정하게 이야기했다.

"사다리를 여러 개 걸쳐 놓고 여러 명이 올리면 이것보다 빨리

올릴 수 있습니다. 거기다 광주리에 담긴 기와를 꺼내고 내리는 일
은 생각보다 시간이 많이 소요됩니다."

장인의 얘기를 들은 이천이 모여든 사내들에게 말했다.

"잘 들었느냐? 내가 원하는 건 이렇게 남들이 쉽게 생각할 수 있
는 것이 아니다. 전혀 새로운 방식이란 말이다. 아직 해가 떨어질
때까지 시간이 많이 남았다. 그때까지 다른 방법을 찾아내지 않으
면 이 조가 승리하게 될 것이다. 다들 기운을 내어라."

이천의 말을 들은 다른 조의 사내들이 다시 모여들었다. 말다툼
을 멈춘 홍만덕과 임춘발도 장영실과 조순생 곁으로 다가왔다. 홍
만덕이 종루 옆에 세워진 통나무를 보면서 투덜거렸다.

"내가 먼저 생각했던 건데."

다른 조에서도 기와를 올릴 방안을 내놨다. 한 조는 바닥부터 지
붕까지 널빤지로 이은 다음에 줄로 묶은 기와를 올리려고 했다. 하
지만 이어 붙인 널빤지가 너무 허약해서 중간에 부러지는 바람에
애꿎은 기와만 떨어져서 부서지고 말았다. 다른 조는 돌과 통나무
로 2층 지붕까지 계단을 만들어서 짊어지고 올라가는 방식을 내놨
다. 그 얘기를 들은 이천은 오늘 중에 만들 수 있느냐고 반문했다.
당연히 불가능했고, 계단을 만드는 데 들어가는 돌과 통나무를 쓰
는 것도 낭비라는 얘기가 뒤따라 나왔다. 이런저런 의견이 오가면
서 점차 열기가 무르익었지만, 장영실이 속한 조만 별다른 움직임
이 없었다.

장영실은 맨 처음 세워진 통나무를 보며 생각에 잠겼다. 결국 사람이 힘을 덜 쓰면서 일을 해내는 것이 관건이었다. 기리고차를 고치는 문제와는 또 다른 관점에서 접근해야만 했다.

그러는 사이, 한낮이 되었다. 종루를 만들던 일꾼들은 이리저리 흩어져서 쉬었다. 사내들도 대루청에서 온 주먹밥을 먹으면서 숨을 돌렸다. 장영실은 주먹밥을 먹으면서 종루를 올려다봤다.

"어떻게 하면 저 높이로 힘을 안 들이고 올릴 수 있을까?"

여러 가지로 생각해 봐도 가장 효율적인 방식은 도르래를 이용해서 기와를 올리는 것이었다. 하지만 눈앞에서 봤던 것처럼 너무 불안정하고 시간도 많이 소요되었다. 곽 씨 노인이 옆에 있었다면 유용한 조언을 해 줬겠지만, 지금은 외톨이였다. 주먹밥으로 배를 채운 임춘발이 곁으로 다가왔다.

"역시 저 방법이 가장 낫겠지?"

비슷한 생각을 하고 있다는 걸 확인한 장영실이 물었다.

"저렇게는 안 된다고 했잖아요."

"방법을 더 찾아봐야지. 항상 한 발 더 나가느냐 못 나가느냐가 관건이거든."

맞는 얘기라 저도 모르게 고개를 끄덕거리던 장영실은 퍼뜩 생각이 떠올랐다.

"하나가 안 되면 두 개로 하면 되지 않을까요?"

"그렇지! 역시 머리가 좋구나."

"오늘 중에 만들 수 있을까요? 벌써 한낮인데요."

걱정스러운 표정으로 하늘을 올려다본 장영실의 물음에 임춘발이 너털웃음을 지었다.

"사람이 힘을 합하면 못하는 일이 없는 법이지. 버팀목 역할을 할 통나무야 널려 있으니까 어떻게 만드느냐가 관건일 게다."

바닥에서 나뭇가지를 집어 든 장영실은 머릿속에 떠오른 그림을 그려 봤다.

"긴 버팀목 두 개를 올리고 가운데 빗장을 걸어 놓고 거기에 도르래를 달면 좀 더 안정적으로 기와를 끌어올릴 수 있을 거야. 그리고 두 개를 쓰면 가운데에 얼레를 걸 수 있어서 사람이 직접 당기는 것보다 힘이 덜 들겠지. 그러려면 버팀목과 얼레가 있는 아랫부분을 무겁고 튼튼하게 만들어야만 해."

장영실이 혼잣말과 함께 열심히 그림을 그려 나가자 홍만덕과 조순생도 곁으로 다가와서 지켜봤다. 가만히 있던 조순생과 홍만덕이 한마디씩 했다.

"버팀목을 앞으로 기울여야 해. 그래야 걸리적거리지 않고 위로 올릴 수 있거든."

"얼레를 무겁게 하면 앞으로 쓰러지는 걸 막을 수 있다."

자연스럽게 모인 네 사람은 활발하게 의견을 주고받으면서 밑그림을 그려 나갔다. 그러자 임춘발이 나섰다.

"해 지기 전에 만들어야 하니까 서두르자고. 영실이랑 만덕이는

가서 버팀목이랑 얼레로 쓸 통나무를 가져오고, 순생이는 쓸 만한 도르래를 찾아와. 난 밧줄이랑 톱을 구해 올게."

다들 흩어졌고, 장영실은 홍만덕과 함께 통나무가 쌓여 있는 곳으로 갔다. 적당한 나무를 찾고 있는데 홍만덕이 물었다.

"머리가 보통이 아니구먼. 동래에서 왔다고 했지?"

"네."

"뭘 하다가 온 거야?"

관노라는 신분을 밝히기 싫었던 장영실은 두루뭉술하게 대답했다.

"가난뱅이라서 이 일 저 일 하고 살았습니다."

"아무튼 대단하네."

장영실은 홍만덕과 함께 적당한 통나무 세 개를 골라서 돌아갔다. 잠시 후, 조순생이 도르래를 가지고 나타났다.

"이 정도면 적당하겠지?"

밧줄과 탕개톱을 가지고 돌아온 임춘발까지 가세했고, 네 명은 곧장 얼레를 만들기 시작했다.

장영실은 지켜보던 일꾼 중 한 명이 슬그머니 건넨 먹통으로 줄을 긋고 탕개톱으로 톱질을 시작했다. 버팀목이 될 통나무를 먼저 자른 다음 얼레를 만들었다. 임춘발이 먹선을 그어 놓은 통나무에 셋이 돌아가면서 톱질을 하자 금방 나무들이 잘려 나갔다. 중간중간 네 명이 머리를 맞대고 얼레의 모양을 상의했다. 간단하게 연을 날릴 때 쓰는 모양으로 만들기로 하고 서둘러 움직였다. 쇠못과 쇠망치를 구해서 자른 나무에 못질을 하자 대충 모양이 나왔다.

남은 목재들을 얼기설기 짜 맞춰 나무틀을 만들 무렵에는 해가 질 기미가 보였다. 네 명은 이제 말도 하지 않은 채 일을 해 나갔다. 얼레가 끼워진 나무틀을 만들고 나서 버팀목을 비스듬하게 붙이는 일이 남았다. 버팀목 끝에 축대를 끼우고 도르래를 먼저 붙였기 때문에 두 개를 한꺼번에 올려야만 했다. 네 명으로는 어림도 없는 일이어서 난처해하고 있는데 뜻밖의 인물이 끼어들었다.

"이쪽은 내가 잡겠네."

장영실 옆에 선 이천이 싱긋 웃으면서 힘을 줬다. 이천이 가세하자 함께 있던 군뢰들도 합세했고, 다른 사내들과 일꾼들도 몰려왔다.

그들이 버팀목을 붙잡고 있는 사이, 조순생과 임춘발이 나무틀에 버팀목을 고정시키려고 못질을 하고 밧줄을 감았다. 버팀목이 단단히 고정되고 얼레를 끼워 맞췄을 때는 해가 인왕산 너머로 사라지기 직전이었다.

일꾼들이 가져온 횃불에 의지해서 물레에 걸어 놓은 밧줄에 광주리를 연결하고 기와를 차곡차곡 쌓았다. 통나무 하나에 도르래를 매달 때보다 더 많은 기와를 올릴 수 있었다. 기와를 올린 네 사람은 긴장한 표정으로 얼레 옆에 서서 천천히 얼레에 달린 손잡이를 돌렸다. 삐걱거리는 소리와 함께 얼레에 밧줄이 감기면서 버팀목 사이에 붙은 도르래가 돌아갔다. 그러면서 기와가 든 광주리가 천천히 위로 올라갔다. 통나무를 하나 세웠던 첫 번째 것보다 더 빨리 올라갔다. 지붕에 올라가 있던 일꾼들이 갈고리를 이용해 기와가 든 광주리를 당겼다. 버팀목이 기울어져 있어서 쉽게 당겨졌다. 일꾼들이 기와를 모두 꺼내고 빈 광주리를 놓자 사방에서 환호성이 터졌다. 장영실은 안도의 한숨을 쉬면서 함께 일한 조순생과 임춘발, 홍만덕과 기쁨을 나눴다.

그 광경을 본 이천이 사람들에게 말했다.

"첫 번째 시험은 장영실이 속한 조가 이긴 것으로 한다. 다들 고생했으니 길 건너편 주막에서 따끈한 국밥과 술을 마음껏 마셔도 좋다."

사내들이 우르르 빠져나간 후에도 장영실은 남아서 자신이 만든 것을 살폈다. 곁에 있던 이천이 다가와 말했다.

"자네가 방금 만든 게 녹로(轆轤)*라는 걸 아느냐?"

"몰랐습니다."

장영실의 대답을 들은 이천이 믿기지 않는다는 표정을 지었다.

"어쨌든 반나절 만에 녹로를 만들어 내다니 참으로 대단하구나."

"전 그저 사람들과 얘기를 나누고 힘을 합한 것뿐입니다."

"잘 안다. 사실은 그게 가장 힘든 일이지."

이천이 껄껄 웃으면서 돌아서자 장영실이 뒤따라갔다.

"나리, 부탁이 하나 있습니다."

---

* 도르래를 이용해 무거운 자재를 들어 올리는 기구. 간목 두 개를 비스듬하게 세우고 도르래를 걸어서 활차로 당겨 올리는 방식이다. 정조 때 화성을 축조하면서 사용했다는 기록이 나온다.

"말해 보아라."

"어머니 말씀이 한양에 오면 아버지를 찾을 수 있다고 하셨습니다."

"아버지 함자가 어찌 되느냐?"

이천의 물음에 장영실이 머뭇거렸다.

"어머니가 가르쳐 주지 않으셨습니다."

"이름도 가르쳐 주지 않고 아버지를 찾으라고 했단 말이냐? 한양에 장씨 성을 가진 사람이 한둘이 아닐 텐데?"

"아버지는 원나라 분인데 소주나 항주 출신이라는 얘기를 얼핏 들었습니다."

장영실의 얘기를 들은 이천이 고개를 갸웃거렸다.

"원나라가 망한 지 50년이 넘었다. 한양에 귀화인들이 제법 있지만, 원나라 출신이 있다는 얘기는 들어본 적이 없느니라."

"그래도 알아봐 주십시오. 어릴 때 한 번도 아버지 얼굴을 본 적이 없습니다."

그의 간절한 표정을 본 이천이 어깨에 손을 올렸다.

"내가 한번 알아보마. 너도 어서 가서 국밥으로 배를 채우거라."

"감사합니다."

연거푸 인사를 한 장영실은 주막집으로 뛰어갔다. 그가 들어서자 벌써 자리를 잡고 술을 마시던 홍만덕이 손짓으로 불렀다. 일이 잘 풀렸다는 안도감에 냉큼 술잔을 받아 든 장영실은 그대로 들이켰다.

그 뒤로 시험이 몇 가지 더 있었다. 어느 날은 쇳덩이를 던져 주고는 하루 만에 엽전을 만들어 보라고도 했고, 어느 날은 물시계를 만들어 오라고 시키기도 했다. 그러면서 자연스럽게 잘하는 사람들이 두각을 나타냈다. 장영실은 몇몇 사람들과 함께 앞선 축이었고, 임춘발과 조순생은 중간쯤, 홍만덕은 뒤로 쳐지게 되었다.

누구든지 한 달이 넘는 시간 동안 반복되는 시험에 지쳐 갔다. 그래서 이천이 시험이 끝났다고 말했을 때 다들 기뻐했다. 환호성이 잠잠해진 후에 이천이 덧붙였다.

"모두들 고생했다. 며칠 동안 쉬어라. 후에 어찌해야 할지 알려 주도록 하마."

"앞으로 우린 어찌 되는 겁니까?"

사내 중 누군가의 물음에 이천이 대답했다.

"몇 명은 남아서 조정의 일을 할 것이고, 안 그런 사람들은 상을 받고 고향으로 내려갈 것이다. 늦어도 모레에는 결정이 날 것이니, 그때까지만 참아라."

얘기를 끝낸 이천이 손짓으로 장영실을 불렀다. 대루청 밖으로 나온 이천이 뒤따라 나온 장영실에게 말했다.

"부탁한 걸 알아봤네만, 딱히 자네 부친이라고 생각할 만한 사람이 없네."

각오하긴 했지만 막상 얘기를 듣자 힘이 쭉 빠졌다.

"어머니는 뭐라고 하시던가?"

"서찰을 계속 보내서 아버지 함자를 알려 달라고 했는데 아직 때가 아니라는 말만 하셨습니다."

"그렇다면 뭔가 사정이 있는 게 틀림없네. 아쉽지만 참고 기다려 보게."

"알겠습니다."

"참, 혹시 함께 있는 사내들 중 수상쩍은 자가 없었나?"

뜻밖의 물음에 장영실이 고개를 들어서 그를 바라봤다.

"그게 무슨 말씀이십니까?"

"그냥 미심쩍은 게 있어서 말이다."

"잘 모르겠습니다."

"알겠다. 푹 쉬어라."

이천이 돌아가고 대루청으로 돌아온 장영실에게 홍만덕이 물었다.

"무슨 일이야?"

"아무것도 아니에요."

웃으면서 대답한 장영실이 툇마루에 걸터앉자 홍만덕이 은근슬쩍 옆으로 다가왔다.

"보아 하니 넌 뽑힐 거 같은데 앞으로 조정에서 일하겠네?"

"뭐가 어떻게 돌아가는지 저도 잘 모르겠어요."

"에구, 누구는 녹을 받고 좋겠다!"

홍만덕이 툇마루에 누우면서 말하자 지나가던 임춘발이 혀를 찼다.

"그렇게 부러우면 진작 좀 열심히 하지."

"세상일이라는 게 어디 자기 마음대로 됩니까."

방에 들어가서 짐을 정리한 장영실이 도로 나오자 다른 사내들과 어울려서 주막에 갈 준비를 하던 홍만덕이 물었다.

"어디 가?"

"경재소에요. 어머니가 보낸 서찰이 올라왔는지 보려고요."

"아무튼 지극정성이야."

껄껄 웃은 홍만덕이 대루청 밖으로 나가고 장영실도 뒤따라 나갔다.

빈청(賓廳)에 들어선 이천은 자리에 앉아 있던 영의정 유정현에게 다가가 종이를 건넸다.

"이번에 뽑힌 자들입니다."

때마침 다색(茶色)*이 차를 가지고 들어오느라 얘기가 잠시 중단되었다. 찻잔에 뜨거운 차를 가득 따른 다색이 인사를 하고 물러나자 유정현이 종이를 펼쳐 봤다.

"신분이 너무 미천하군. 이런 자들이 명나라에 가면 망신이나 당

---

* 궁궐 안에서 차를 관리하던 노비들로 주로 여자들이 맡았다.

하지 않을지 모르겠네."

"신분에 얽매이지 말고 실력대로 뽑으라는 어명이 계셨습니다."

이천의 담담한 대답에 유정현이 쓴웃음을 지으며 찻잔을 입에 가져갔다.

"어명이 어떤지는 나도 알고 있네. 이자들은 언제 출발하는가?"

"다음 달에 명나라로 가는 사신단에 합류할 겁니다."

"도무지 주상 전하의 의중을 모르겠단 말이야."

혼잣말인지 아니면 이천에게 들으라는 말인지 알 수 없었다. 유정현을 필두로 대신 대다수는 임금의 깊은 속마음을 알지 못했다. 임금도 그런 대신들을 못마땅해했지만, 상왕 때문에 어쩔 수 없이 지켜보고 있는 듯했다.

대충 보고를 마친 이천은 빈청을 나와서 군기감으로 향했다. 안에 들어가자 사방에서 풀무질을 하느라 열기가 후끈거렸다. 잠시 돌아보던 이천은 제일 깊숙한 곳에 있는 화포제조소로 향했다. 벽에는 크고 작은 총통들이 세워져 있었고, 방금 완성된 총통에 장인들이 물을 부어서 식히는 중이었다. 그 광경을 지켜보던 이천은 그들 중 한 명에게 다가갔다. 슬며시 눈짓을 하자 상대방도 헛기침을 하면서 자리를 떴다. 뒷문으로 나온 이천이 뒤따라 나온 그에게 말했다.

"부탁한 대로 하였네."

"고맙습니다."

"그렇긴 한데 마음에 좀 걸리는군."

"저라고 왜 마음이 아프지 않겠습니까. 하지만 지금은 때가 아닙니다."

상대방의 말을 들은 이천은 잠시 주저하다가 입을 열었다.

"아마 다음 달에 명나라로 가는 사신단과 함께 떠날 걸세."

"언제 돌아옵니까?"

상대방의 물음에 이천은 고개를 저었다.

"최소한 1년은 있어야 할 거야. 생각이 바뀌면 언제든 얘기하게."

"그리하겠습니다. 소인은 이만 들어가 보겠습니다."

상대방이 문을 닫고 군기감 안으로 들어가는 걸 본 이천은 물끄러미 하늘을 올려다봤다.

의문의 죽음

동래현의 경재소에 갔던 장영실은 마침 창고에 공납품이 들어오는 바람에 해가 떨어질 때까지 일을 해야만 했다. 저녁을 얻어먹고 대루청으로 돌아오던 장영실은 개천을 가로지르는 모전교를 건너다가 사람들이 모여 있는 것을 보고 발걸음을 멈췄다.

"뭐지?"

사람들을 헤치고 모전교 난간 쪽으로 다가간 장영실은 개천 옆 모래밭에 쓰러져 있는 사람을 봤다. 처음에는 죽었다는 생각을 하지 않았는데 모여 있는 사람들의 입에서 죽었다는 말이 오가는 것을 보고 비로소 시체인 것을 알아챘다. 다리 밑에 사는 거지들이 막대기를 들고 엎어져 있는 시신을 꾹꾹 찌르면서 장난질을 쳤다. 한참 지켜보다가 어딘지 낮이 익는다는 느낌이 들 찰나, 거지들이 시신을 뒤집으면서 얼굴을 확인했다.

"아니!"

아까 낮에 주막에 가서 술을 마시겠다고 했던 홍만덕이었다. 불과 반나절 만에 시신으로 바뀐 그를 본 장영실은 놀라움과 슬픔을 금할 길이 없었다. 난간을 넘어서 모래밭으로 뛰어내린 장영실은 주변을 얼쩡거리는 거지들을 쫓아버리고 시신을 살폈다. 홍만덕이 틀림없었다.

"맙소사."

장영실은 난간 위의 구경꾼들에게 소리쳤다.

"누가 대루청에 가서 홍만덕이 죽어 있다고 전해 주세요."

그가 몇 번이나 외치자 몇몇 사람들이 발걸음을 옮기는 게 보였다. 정신을 가다듬은 그는 주변에 얼쩡대던 거지들을 바라봤다. 다리 밑에는 그들이 거처하는 허름한 움막이 있었다. 장영실이 바라보자 얼굴에 부스럼이 잔뜩 난 거지 꼬마가 떨리는 목소리로 말했다.

"우, 우리가 안 죽였어요."

"알고 있으니까 안심해라. 언제 발견한 거니?"

"아, 아까 동냥 갔다가 해가 떨어질 거 같아서 돌아오니까 바위 턱에 걸려 있었어요."

"누구 수상한 사람은 없었고?"

장영실의 물음에 거지 꼬마가 마른침을 삼키면서 고개를 끄덕거렸다. 그러다가 뭔가 생각이 난 장영실이 허리춤에 달린 호패를 보여 주면서 물었다.

"혹시 시체에 이런 거 있었니?"

"아니요."

거지 꼬마의 대답대로 홍만덕의 시신에는 호패가 없었다. 이천이 나눠 준 호패는 외상술을 마실 때나 한밤중에 돌아다니다 경수소(警守所)* 순라군에게 걸렸을 때 빠져나가기 좋은 수단이었다. 대루청 사내 중 가장 술을 좋아해서 밤중에 즐겨 나갔던 홍만덕은 호패를 애지중지했다.

"그런 호패가 사라졌다고?"

수상쩍다고 생각한 장영실은 시신 곁으로 다가가서 손톱을 살폈다. 그리고 두건을 벗어서 손가락에 둘둘 감은 다음에 콧속을 쑤셨다. 그가 확인한 것들은 의심을 더욱 무겁게 만들었다. 그러는 사이, 대루청에 연락이 닿았는지 낯익은 얼굴들이 보였다.

"대체 어찌 된 거야?"

임춘발의 물음에 장영실은 아무 대답도 하지 못한 채 고개만 저었다.

소식을 들은 이천이 달려와서 시신을 수습하고 장례를 치를 준비를 하는 데 밤이 꼬박 지나갔다. 몇 달 동안 지내면서 정이 든 동

---

* 조선 시대 한양에 있던 일종의 검문소로 야간에 운영되었다. 통금이 실시된 이후 돌아다니는 사람이나 범죄자를 단속했다. 순라군과 해당 지역 주민들이 함께 경비를 섰다. 복처라고도 불렸다.

료들이 십시일반으로 돈을 모아 귀후소(歸厚所)*에서 관과 장례에 필요한 물품들을 사들였다. 대루청 한쪽에 장막이 쳐지고 사람들이 모여서 곡을 했다. 장례식장에서 자리를 차지하고 있던 장영실은 이천의 모습이 보이자 그에게 다가갔다.

"저, 드릴 말씀이 있습니다."

"무엇이냐?"

"만덕 아저씨 말입니다. 그냥 술에 취해서 물에 빠진 게 아닌 거 같습니다."

장영실의 얘기를 들은 이천이 주변을 한번 살펴보고는 재차 물었다.

"뭐라고? 그럼 누군가 손을 썼단 말이냐?"

장영실도 주변을 슬쩍 돌아보고는 두건을 꺼내서 보여 줬다.

"시신의 손톱 밑을 살펴봤는데 깨끗했습니다. 거기다 두건으로 콧속을 후볐는데 아무것도 나오지 않았습니다."

"그게 무슨 뜻인가?"

"보통 사람이 의식이 있는 상태에서 물에 빠지면 살기 위해서 발버둥을 치고 숨을 들이켭니다. 그래서 손톱 밑에 물속의 진흙이 박히기 마련이죠."

장영실의 설명을 들은 이천의 눈이 휘둥그레졌다.

---

* 조선 시대에 관과 장례 물품을 팔던 관청. 원래는 한 승려가 용산강가에 절을 짓고 관을 팔던 것에서 시작했다. 태종 때 하륜의 건의로 관곽소라는 전담 관청이 생겨났고, 관원이 배치되었다. 귀후서로 이름이 바뀌어서 정조 때까지 유지되었다.

"그걸 어찌 아는가?"

"동래에서 관노로 있을 때 오작인 노릇을 몇 년 동안 했습니다. 바닷가 근처라 물에 빠진 시체들은 정말 많이 봤죠. 확실한 건 만덕 아저씨는 절대로 발을 헛디뎌서 빠져 죽은 게 아니라는 겁니다."

"누군가 죽였다는 말이군."

"눈에 보이는 상처가 없는 것으로 봐서는 둔기로 때려서 의식을 잃게 한 다음 개천에 밀어 넣은 것이 확실합니다. 그러면 숨을 쉬거나 손으로 바닥을 긁지 못하기 때문에 아까 말한 흔적들이 남지 않는 것이죠."

"듣고 보니 그렇군."

"거기다 만덕 아저씨가 항상 가지고 다니던 호패가 없어졌습니다. 만약 제가 그 시각에 다리를 지나가지 않았다면 몰랐을 것이고, 나머지 사람들도 만덕 아저씨가 어찌 되었는지 몰랐을 겁니다. 이건 분명히 누군가 만덕 아저씨를 죽이고 은폐하려고 한 게 분명합니다."

장영실의 얘기를 들은 이천이 한 손으로 수염을 쓰다듬은 채 깊은 생각에 잠겨 있다가 대답했다.

"잘 알겠네. 일단 이 사실은 자네와 나만 알고 있도록 하지."

"따로 조사를 하지 않으실 겁니까?"

"이게 만약 살인이라면 누구 짓일 거 같으냐?"

대답을 하려던 장영실은 이천의 시선이 장례식장으로 향해 있는 것을 보고는 입을 다물지 못했다.

"설마……."

"저들 중 한 명일 게다. 그리고 어쩌면 그게 살인자가 노리는 것일지도 모르지. 혼란을 부추겨서 서로를 의심하게 말이다."

"그래도 사람이 죽었습니다."

"당장 조사를 안 하는 것뿐이다. 네가 떠난 후에 은밀히 조사를 해 보마."

"제가 떠나다니요?"

장영실의 반문에 이천은 나지막하게 대답했다.

"조만간 명나라로 떠날 사신단에 너와 몇 명이 합류할 것이다."

뜻밖의 얘기에 놀란 장영실이 물었다.

"명나라라니요?"

"명나라에 가서 최신 기술을 배우고 익히라는 주상 전하의 어명이 계셨네. 자네와 최천구, 윤사웅이 떠날 걸세."

"나머지 사람들은요?"

"몇 명은 남아서 상의원에 속하게 될 것이고, 나머지는 고향으로 돌아갈 걸세."

"명나라에 가면 언제쯤 돌아올 수 있는 겁니까?"

장영실이 떨리는 목소리로 묻자 이천이 고개를 저었다.

"1년이 걸릴 지 10년이 걸릴 지 장담할 수 없네."

"전 그냥 고향에 돌아가고 싶습니다. 한양에 온 것도 힘들어 죽겠는데 수천 리 떨어지고 말도 안 통하는 명나라라니요. 싫습니다."

"자네 어명을 거역할 셈인가?"

어명이라는 얘기에 장영실의 어깨가 축 늘어졌다.

"하긴 관노 처지에 어명을 거역할 수는 없는 노릇이지요. 가기 전에 고향에 다녀오면 안 되겠습니까?"

"사신단은 이번 달 안에 떠나네."

고개를 떨군 장영실은 그 자리에 털썩 주저앉아 흐느껴 울었다. 내려다보던 이천이 한쪽 무릎을 꿇고 그의 어깨를 토닥거렸다.

"자네 재주는 하늘이 준 것일세. 나라를 위해 귀하게 쓰여야 하니 갈고 닦아야 하는 게 자네 일일세."

"대체 왜 그래야 합니까? 그래 봤자 관노 신세인데 말입니다."

분노를 꾹꾹 눌러 담은 것 같은 장영실의 말에 이천이 힘주어 대답했다.

"관노니까, 천한 자니까 어떤 일을 시켜도 안 된다는 사람들의 콧대를 납작하게 해 줘야지. 그래야 사람들이 더 이상 자네를 무시하고 얕보지 않을 걸세."

"그런다고 제 삶이 나아지나요? 그래 봤자 평생 노비로 살아야 하고, 제 자식도 태어나자마자 그런 신세일 건데 말입니다."

"지금까지 그랬다고 앞으로도 그럴 것이라는 생각은 버리게. 그건 자네 두 손과 머리에 달렸을 뿐이니까 말이야."

이천의 말에 장영실은 두 손을 물끄러미 내려다봤다. 어린 시절부터 아비 없는 자식, 천한 기생의 아들이라며 손가락질 받았던 기억이 떠올랐다. 반항과 분노로 똘똘 뭉쳐 있던 그 시기를 떠올린 장영실이 고개를 들고 대답했다.

"그렇다면 해 보겠습니다."

"잘 생각했네. 앞으로 고향으로 가는 서찰은 군기시 내 앞으로
보내게. 그럼 내가 직접 챙기도록 하겠네."

"감사합니다. 나리."

"해 줄 수 있는 게 이것밖에 없어서 미안할 따름이네."

이야기를 마친 두 사람은 한창 곡소리가 들리는 장례식장을 물
끄러미 바라봤다.

"어머니! 영실이한테 서찰이 왔어요."

싸리문을 열고 들어선 분이의 말에 안방의 문이 벌컥 열렸다.

"정말이냐?"

"그럼요. 연경에서 온 거예요."

툇마루에 앉은 분이의 말에 안방에서 나온 어머니가 옆에 앉았다.

"뭐라고 하더냐?"

"잠깐만요. 저도 바로 들고 와서 읽어 보지 못했어요."

서찰을 펼친 분이가 또박또박 읽어 내려갔다.

어머니, 몸은 좀 어떠신지요.

이곳 연경은 겨울에는 춥고 여름에는 더워서 고향 동래보다 지내기

가 어렵습니다. 다행히 뜨거운 차를 많이 마시고 옷을 단단히 입어서 아픈 곳은 없습니다.

저는 이곳에서 매일 명나라 장인들을 만나 인쇄술부터 천문역학까지 다양하고 새로운 것들을 배우고 있습니다.

다음 번 사신이 올 때 함께 돌아간다는 얘기를 들었습니다. 조선으로 돌아가면 고향에 들를 수 있겠지요? 분이랑 곽 씨 할아버지는 잘 계신지 궁금합니다. 조선에 돌아가게 되면 다시 연락드리겠습니다.

서찰의 내용을 다 읽은 분이가 빙그레 웃었다.

"그래도 절 안 잊었네요."

"정을 나눈 사이인데 어찌 잊겠니."

어머니의 얘기에 분이의 얼굴이 발그레해졌다. 그런 그녀를 어머니가 안타까운 눈으로 바라봤다.

"관기 노릇할 때는 곱상하더니 급수비자(汲水婢子)*를 하면서 금방 삭았구나. 고생이 많지?"

"몸이야 힘들지만 마음은 편하네요. 서방님을 둔 몸이 기생 노릇을 할 수는 없잖아요."

"내가 너를 싫어했던 건 본심이 아니었다는 거 알고 있지? 나처럼 아들 하나 낳고 평생을 고생할까 봐 걱정했던 거다."

"태어나 봤자 관청에 붙은 노비를 신세 못 벗어나서 그러셨던 거

---

* 관청에 속한 여자 노비. 물을 긷는 일을 맡았다.

잘 알고 있어요."

분이가 씁쓸한 표정으로 대답하자 어머니가 한숨을 쉬었다.

"이왕 이렇게 된 거 어쩌겠니. 열심히 잘 키우면서 때를 기다려야지. 그래도 영실이가 나라에서 중한 일을 맡았으니 성과만 거둔다면 좋은 일이 있을 게다."

"저도 그럴 거라고 믿어요."

"애는 좀 어떠니?"

"무럭무럭 잘 자라고 있어요. 교방(敎坊)*에서 이것저것 잘 챙겨 주세요."

"다행이구나. 생각 같아서는 내가 데려다 기르고 싶지만 몸이 이래서 원……."

"괜찮아요. 이제 걸음마를 하게 되면 자주 데리고 올게요."

"그렇게 하려무나."

"그런데 답장을 써야 하는데 곽 씨 영감님 얘기는 어떻게 할까요?"

분이의 물음에 어머니의 표정이 어두워졌다.

"그러게. 나이가 드셨어도 건강하신 분이었는데 갑자기 돌아가실 줄 누가 알았겠니."

"영감님이 돌아가시기 전에 멀리서 공부하는데 혹시 안 좋을 수 있다고 얘기하지 말라고 하셨잖아요."

---

* 관아에 속한 기생들이 머무는 거처

"그랬지. 아무래도 여기로 돌아오면 그때 말해 줘야겠다."

"그게 좋겠죠."

이런저런 얘기를 나누던 분이가 서찰을 접어서 저고리 속에 끼워 넣었다.

"그만 일어나 볼게요."

"고생하거라. 힘내고."

"네. 어머니."

어머니는 싸리문 밖으로 나간 분이를 한참이나 지켜보다가 방안으로 들어갔다.

蔣英實

• 자격루 自擊漏

세종대왕의 명을 받아 세종 16년(1434), 장영실, 이천 등이 제작하였다. 시, 경, 점에 맞추어 종, 북, 징 등이 자동으로 시각을 알려 주는 물시계로, 경회루 보루각에 설치되었다. 당시 제작된 것은 현재 소실되었으며, 덕수궁에 남아 있는 것은 중종 시대에 개량된 것으로 국보 제229호이다.

제3장

조선의
하늘과 시간

의표창제

시간을 찾아내다

스스로 움직이는 시계

노비 신분에서 벗어나다

표창제의

연경에서 돌아온 사신단이 근정전(勤政殿) 앞에서 임금에게 복명했다. 월대 모서리에 서서 사신단을 바라보던 이천은 발립에 철릭 차림의 장영실을 보고는 입가에 미소를 띠었다. 공식적인 절차가 끝나자 사신단을 이끌었던 정사와 부사는 임금이 베풀어 주는 연회에 참석하고자 경회루로 자리를 옮겼다. 뒤에 남은 장영실에게 다가간 이천이 떨리는 목소리로 말을 건넸다.

"참으로 고생이 많았네."

"아닙니다."

부쩍 어른스러워진 장영실이 굵직한 목소리로 대답했다.

"아니긴, 말도 안 통하는 먼 타국에서 1년이나 지냈는데 말이야. 잘 돌아왔네."

"연경에 가서야 세상이 넓다는 말을 실감했습니다. 새로운 기술들도 많이 배웠고, 책들도 많이 가져왔습니다."

"그렇다고 들었네. 나라를 위해서 큰 쓰임이 있을 게야. 오늘은 나와 함께 술이나 마시면서 푹 쉬세. 자네가 머물 곳도 알려 줘야지."

"감사합니다. 일을 시작하기 전에 고향에 잠깐 다녀와도 괜찮겠습니까?"

"일단 오늘 저녁은 쉬면서 차차 얘기하세."

이천은 장영실을 데리고 군기감으로 향했다. 운종가와 가까운 곳에 있어서 그런지 사람들의 왕래가 제법 많았다. 문을 열고 군기감 안으로 들어선 이천은 장영실을 돌아봤다.

"이곳은 처음이지? 여긴 화약을 비롯한 각종 무기들을 만드는 곳일세."

"얘기는 많이 들어봤습니다. 참으로 대단하군요."

"몇 년 전에 대마도의 왜구를 토벌했고, 지금은 북방 야인들을 몰아낼 준비를 하고 있네. 큰 싸움을 벌이려면 무기가 많이 필요한 법이지."

장영실은 사방에서 들려오는 망치질과 풀무질 소리에 가만히 귀를 기울였다. 그러다가 이천에게 조용히 물었다.

"앞으로 이곳에서 제가 일하게 됩니까?"

"작년에 자네와 함께 대루청에 머물렀던 자 중에 몇 명은 여기서 일하고 있네. 저쪽에 있어."

이천이 손짓한 곳에는 화살촉을 살펴보는 장인들이 있었다. 장영실이 그쪽으로 다가가자 그중 한 명이 고개를 들었다. 조순생이었다. 반가운 표정을 지은 그가 여전히 등을 돌린 채 일하고 있던 또 한 명의 어깨를 쳤다. 고개를 든 장인이 뒤를 돌아봤다.

"아니! 이게 누구야! 영실이 아닌가?"

"잘 지내셨어요. 춘발이 아저씨!"

머리가 하얗게 센 임춘발이 벌떡 일어나서는 장영실에게 다가와 와락 끌어안았다.

"잘 지내고 있지. 명나라에 갔다더니 지금 돌아온 거야?"

"오늘 한양에 도착했어요."

"고생 많았네. 1년 사이에 부쩍 컸구먼. 수염 자란 거 봐."

장영실은 임춘발 뒤에 서 있던 조순생과도 인사를 나눴다. 뒤에 서 있던 이천이 다가왔다.

"앞으로 얘기를 나눌 시간은 많이 있을 걸세. 이제 따라오게."

또 오겠다는 말을 남긴 장영실은 이천을 따라갔다.

이천은 화포제조소를 지나 뒷문으로 향했다. 그리고 뒷문을 열기 전에 짐짓 큰 소리로 헛기침을 하느라 잠시 멈췄다. 그때 화포제조소에 있던 누군가가 하던 일을 멈추고 이천의 뒤에 있던 장영실을 뚫어지게 바라봤다.

아무것도 모른 장영실은 이천을 따라 뒷문으로 나왔다. 그의 눈에 군기감 담장을 따라 초가집들이 죽 늘어서 있는 게 보였다. 그중 한 곳으로 들어간 이천이 장영실에게 말했다.

"이곳이 자네가 머물 곳이네. 군기감은 코앞이고, 경복궁도 금방이니 머물기에는 제격이지. 식사는 군기감에서 해결하도록 하게."

"앞으로 전 무엇을 해야 하는 겁니까?"

"방 안에 그 답이 있네."

영문을 알 수 없는 이천의 말에 장영실은 안방의 문을 열었다. 그리고 방 한복판에 가지런히 놓여 있는 것을 봤다.

"저것은 관복이 아닙니까?"

"맞네. 입궐을 하려면 관복이 필요하거든."

"입궐이라니요? 방금 궁에서 나왔는데 또 들어간단 말입니까?"

"그 궁이 아닐세. 아무튼 좀 쉬도록 하게. 날이 어두워지면 움직여야 하니까 말일세."

돌아서려던 이천을 장영실이 불러 세웠다.

"참, 궁금한 게 한 가지 있습니다."

"뭔가?"

"만덕이 아저씨 말입니다. 살인자가 밝혀졌습니까? 돌아오면 알려 주신다고 해서 꾹 참고 기다렸습니다."

"여러 가지로 알아봤지만 살인자가 누구인지는 밝혀내지 못했네. 살인을 목격한 사람도 찾지 못했고 말이야."

"그럼 저한테 알려 줄 게 있다고 하신 건 뭡니까?"

"죽은 홍만덕이 가짜라는 사실이지."

이천의 말에 납득이 가지 않았던 장영실이 되물었다.

"가짜라니, 그게 무슨 뜻이옵니까?"

"글자 그대로 가짜라는 뜻이야."

주저하던 이천이 말을 이었다.

"홍만덕의 고향으로 시신을 수습해서 보냈는데 그곳에 진짜 홍만덕이 있었네. 이상하다 싶어서 알아봤더니 누군가 홍만덕에게 돈을 주고 바꿔치기를 했던 모양일세."

"그럼 죽은 사람이 진짜 만덕이 아저씨가 아니란 얘긴가요?"

"그렇다네. 진짜 홍만덕은 그곳에 그냥 쭉 있었어."

"그럼 죽은 자는 누구란 말입니까?"

"이만식이라고 그 지역의 무뢰배였다는군."

"어쩐지 일을 잘 못하고 술만 좋아한다 생각했습니다. 그런데 그 자가 왜 만덕 아저씨를 대신해서 한양으로 올라온 겁니까?"

"홍만덕에게 한양 구경도 하고 놀고먹고 싶다고 했다는군. 하지만 대신 올라오기로 하고 홍만덕과 아전에게 건넨 재물이 적지 않네. 노름꾼에 술을 좋아해서 빈털터리였는데 말이야."

이천의 설명을 들은 장영실이 고개를 갸웃거렸다.

"그럼 누군가 배후에 있고, 어떤 의도를 가지고 홍만덕 흉내를 냈다는 말씀이십니까?"

"그렇게 보고 있네. 알아볼 수 있었던 건 딱 거기까지였네."

"알겠습니다."

"해가 떨어지면 데리러 오겠네. 잠깐 쉬고 있게나."

홀로 남은 장영실은 일단 눈을 좀 붙이기로 하고 방 안에 드러누워 잠을 청했다.

바깥이 어둑해질 즈음 눈을 뜬 장영실은 밖에서 들려오는 인기척에 문을 열었다.

"날세. 이제 가야 하니 준비하게."

"알겠습니다."

서둘러 관복을 챙겨 입은 장영실이 밖으로 나오자 말에 타고 있던 이천이 뒤에 있는 말을 가리켰다.

"저 말을 타게."

장영실이 말에 오르자 말구종이 혀를 차면서 말을 끌었다. 몇 발자국 앞에 가던 알도가 우렁찬 벽제소리를 내자 드문드문 걸어가던 행인들이 황급히 좌우로 물러났다. 앞에 가는 알도뿐만 아니라 뒤따르는 수행원의 숫자도 적지 않았다. 장영실이 불안해하는 낯빛을 보이자 이천이 한마디 했다.

"뭐라고 할 사람 없으니 마음 편하게 먹게."

"그게 말처럼 쉽겠습니까?"

장영실의 대답에 이천은 웃기만 했다.

말을 탄 두 사람이 향한 곳은 경복궁 서문인 영추문이었다. 횃불을 사방에 밝혀 놓고 수문장이 기다리고 있었다. 영추문 앞에서 말이 멈추고, 이천이 내리자 장영실도 따라서 내렸다. 수문장이 인사를 하고 옆으로 물러나자 이천이 따라오라는 손짓을 했다. 장영실이 안으로 들어가자 영추문이 서서히 닫혔다. 놀란 장영실이 뒤쪽을 힐끔거리는 가운데 이천이 발걸음을 떼었다. 허겁지겁 뒤따라 간 장영실이 물었다.

"어디로 가시는 겁니까?"

"후원으로 갈 걸세. 잘 따르시게."

경회루를 먼발치에서 스쳐 지나간 이천은 북쪽으로 발걸음을 옮겼다. 얼마 후, 북성문*이라는 현판이 붙은 작은 문이 보였다. 문 앞을 지키고 있던 융복 차림의 무사가 이천의 얼굴을 보더니 옆으로 물러났다. 장영실이 떨떠름한 표정으로 뒤따랐다.

북성문을 나서자 북악산의 야트막한 산자락이 펼쳐졌다. 어두워서 자세히 보이지는 않았지만, 처음 보는 꽃과 나무들이 가득했고, 드문드문 전각들이 서 있는 게 보였다. 잠시 걸음을 멈춘 이천이 뒤따라온 장영실에게 설명했다.

"여긴 경무대(景武臺)라고 부르는 곳일세. 원래는 상림원(上林苑)이라고 해서 진귀한 화초를 심고 새와 짐승들을 길렀던 곳이지. 하지만 주상 전하께서 백성들을 힘들게 한다고 하여 새와 짐승들을 풀어 주고 화원을 없앤 뒤 어영군의 강무(講武)나 친경(親耕) 때 이용하곤 하지. 물론 오늘같이 조용한 만남을 위해서도 사용한다네."

풀벌레 우는 소리를 뚫고 경무대를 가로지른 이천은 작은 전각 앞에 섰다. 수염이 없는 허여멀건 한 얼굴의 내시가 사방등(四方燈)을 들고 기다리고 있다가 안쪽에 대고 외쳤다.

---

* 지금의 경복궁 신무문이다. 신무문이라는 이름은 성종 때 지어졌다.

"전하, 공조참판(工曹參判) 입시이옵니다."

"안으로 들라 하라."

안에서 들려온 목소리를 확인한 내시가 조용히 문을 열었다. 커다란 탁자 주변에 관복을 입은 관리들이 앉아 있었다. 빈자리에 앉은 이천이 옆에 앉은 장영실을 가리켰다.

"데리고 왔습니다."

그러자 맞은편의 어둠 속에 앉아 있던 누군가가 물었다.

"저자가 장영실이란 말이냐?"

장영실은 말을 건넨 사람이 낮에 근정전에서 먼발치로 본 임금인 것을 깨닫고는 황급히 바닥에 엎드렸다.

"저, 전하."

"격식을 차리는 자리가 아니니 편하게 앉아라."

난생처음 듣는 임금의 목소리에 장영실은 조심스럽게 일어나서 자리에 앉았다. 그러자 이천이 웃는 얼굴로 남은 사람들을 소개했다.

"이쪽은 예문관 제학(藝文館 提學) 정인지 대감이고, 그 옆은 서운관 판사(書雲觀 判事) 이순지 대감이니라."

장영실은 소개받은 관리들이 하나같이 고관이어서 어찌할 바를 몰랐다. 그 모습을 본 임금이 나지막한 목소리로 말했다.

"그대는 떨지 마라. 너를 부른 것은 함께 일하고자 함이니라."

입이 제대로 떨어지지 않은 장영실이 아무 말도 못하자 임금이 눈짓을 했다. 그러자 이천이 탁자 모서리에 놓인 책을 장영실 앞으로 밀었다.

"펼쳐 보게."

장영실은 떨리는 손으로 한 장씩 넘겼다. 그럴 때마다 충격이 더해졌다. 책을 덮은 장영실이 임금에게 물었다.

"이, 이게 다 무엇이옵니까? 전하."

"과인과 그대 그리고 이 자리에 모인 사람들이 만들어야 할 것들이네."

"이것들을 말입니까?"

"과인이 전국의 이름난 장인들을 불러올려 몇 달 동안 시험을 치고, 명나라에 보내 기술을 익혀 오라고 한 것이 바로 그 책에 있는 것들을 실제로 만들기 위함이니라. 비록 네가 미천한 관노라고는 하지만 손재주가 좋고 총명하다고 들었다."

"과찬이십니다. 전하."

"과인의 눈과 손이 되어 주게. 그래서 조선의 하늘과 시간을 만들어 주게."

"하늘과 시간이라고 하셨습니까?"

장영실의 반문에 임금이 고개를 끄덕거렸다.

"조선은 중국의 문물과 제도를 따르고 있으나 멀리 떨어져 있어서 그대로 적용하기가 힘들다. 특히 중국과 조선의 하늘이 다른데 이를 살필 기기가 갖추어져 있지 못한 상황이다. 우리 백성은 대부분 농사를 짓고 살므로 조정에서는 매년 언제 씨앗을 뿌리고 수확을 할지 알려 줘야만 하느니라. 그렇게 하려면 조선의 하늘을 보면서 시기를 파악해야 하는데 그렇게 하지 못하는 실정이 이어지고 있다.”

장영실은 임금의 말 한마디, 한마디에 귀를 기울였다.

“매년 초겨울에 연경으로 사신을 보내 명나라 황제가 하사하는 달력을 받아 오고 있지만, 우리 실정과는 맞지도 않을 뿐더러 가져와서 인쇄하여 배포하면 항상 시기가 늦곤 한다. 이는 백성을 돌봐야 하는 군주로서 반드시 해결해야 할 문제이니라. 조선이 비록 중국에게 사대를 한다고는 하나 그 시간과 하늘이 다를 수밖에 없는 법. 과인은 조선의 하늘과 시간을 찾아서 만백성을 이롭게 할 의표창제(儀表創製)*를 할 것이다.”

임금의 말을 들은 장영실은 건네받은 책의 제목을 살펴봤다. ‘의표창제’라는 굵은 붓글씨를 본 장영실은 가슴이 두근거렸다. 명나라에 가서 배운 역법이나 기술들은 모두 그 나라의 것이었을 뿐 조선의 것은 아니었다. 하지만 가르쳐 주는 명나라 장인이나 관료는 모두 당연하다는 듯 자신들의 것을 강요했다. 동행한 장인들은 별다른 거부 반응을 보이지 않았지만, 장영실은 몇 번이고 이에 반발했다. 그리고 그 반항이 오늘 이 자리에 자신을 오게 만들었다는 것을 뒤늦게 깨달았다. 장영실이 두근거리는 가슴을 진정시키는 사이, 정인지가 조심스럽게 입을 열었다.

“백성들을 사랑하는 전하의 마음은 참으로 아름답습니다. 허나 역법(曆法)을 반사(頒賜)**하는 것은 명나라의 책봉 조건이었사옵니다. 그런데 독자적인 역법을 만든다는 것은…….”

정인지의 말을 받은 임금이 짧게 대답했다.

"우리 조선이 명나라와 대등하다는 걸 뜻할 수도 있지."

"신중하셔야 할 것으로 사료되옵니다."

"그것 때문에 이렇게 몇 명만 조용히 모아 놓은 것이다. 혹여나 명나라가 트집을 잡을 수도 있고, 왜국이나 여진이 이 사실을 탐지해서 명나라에 알릴 수도 있을 것이다. 과인 역시 그 부분을 염려하고 있다. 하지만 우리 조선이 명나라와 사대를 하겠다고 아무 관련도 없는 백성에게 희생을 강요할 수는 없는 노릇이다. 과인은 백성을 위해서라면 기꺼이 위험을 감수할 것이니라."

임금의 단호한 말에 정인지는 아무 말도 하지 않았다. 분위기가 어색해지자 입을 다물고 있던 이순지가 나섰다.

"전하, 그럼 앞으로 어찌하실 것이옵니까?"

"일단 의표창제에 관한 내용은 여기 모인 사람들만 알고 있는 것으로 한다. 그리고 이곳에 하늘을 살피고 시간을 맞출 수 있는 기계들을 갖다 놓을 것이다. 예문관 제학은 고전을 연구하고 천체 관측기와 계시기를 만들어서 측정할 준비를 하라."

"알겠습니다."

"서운관 판사는 경회루 북쪽의 빈 땅에 천체 관측기를 올릴 만한 대를 세울 준비를 하라."

---

* 의(儀)는 천문 관측기기인 의상을 뜻한다. 표(表)는 표루를 뜻하며, 해시계와 물시계를 지칭한다. 결국 의표창제라는 말은 조선의 독자적인 하늘과 시간을 가진다는 뜻이다. 당대에 쓰인 말이 아니라 학술 용어로서 후대에 사용되었으며, 세종대왕의 간의대 사업이라고도 부른다.
** 윗사람이 아랫사람에게 물건을 하사하는 것

"그리하겠습니다."

임금의 시선은 장영실과 이천에게 향했다.

"공조판서는 필요한 기계들을 만들 수 있는 재료들을 속히 구해 제작에 들어갈 차비를 갖추어라."

이천이 힘차게 고개를 숙였다. 임금의 시선은 이제 장영실에게 향했다.

"조선의 하늘과 시간을 만들어 내는 것은 너의 손과 머리에 달렸다. 열과 성을 다하면 합당한 보상을 내릴 것이니라."

목이 멘 장영실은 고개를 숙이는 것으로 대답을 대신했다.

임금과의 만남을 마치고 궁궐에서 빠져나온 장영실은 아직도 손이 떨리고 있음을 느꼈다. 영추문 앞에 있는 경수소에서 잠깐 한숨을 돌린 장영실에게 이천이 말했다.

"아까 전하께서 말씀하신 것처럼 이 일은 거기 모인 다섯 명만 아는 일일세. 그러니 말이 새나가지 않도록 각별히 조심하게."

"명심하겠습니다. 그런데 책에 나와 있던 기계들을 전부 만드는 겁니까?"

"그렇다네. 걱정스럽기는 하지만 전하의 의지가 굳건하시니 마땅히 따라야지."

"너무나 엄청난 일입니다."

"해낼 수 있으니까 너무 걱정 말게."

흥분이 가라앉은 장영실이 물었다.

"이제 뭐부터 해야 합니까?"

"내일 함께 일할 사람과 자네 거처에 가도록 하겠네. 일단 그 사람의 기술을 배우도록 하게."

"알겠습니다."

군기감 뒤편의 초가집으로 돌아온 장영실은 다음 날 아침, 이천과 함께 온 손님을 보고는 입을 다물지 못했다. 이천이 그럴 줄 알았다는 표정을 지었다.

"이쪽은 회회사문(回回沙門, 회회인 승려) 도로(都老)*일세."

뾰족한 코에 커다랗고 푸른 눈, 머리에 천을 둘둘 두르고, 앞이 트인 길고 괴상한 도포 차림의 사내가 손을 내밀면서 말했다.

"만나서 반갑소이다. 도로라고 하오."

"장영실이라고 합니다."

얼떨결에 내민 손을 잡은 장영실은 상대방이 능숙하게 우리말을 하자 또 놀랐다. 도로가 씩 웃었다.

"조선에 건너온 지 10년이 넘었소이다."

---

* 태종 7년(1407), 일본에서 건너와 조선으로 귀화한 무슬림이다. 처자와 함께 왔으며 조선에 머물면서 수정을 캐내는 일을 했다. 중간에 일본에서 돌려보내 달라는 요구를 했지만, 계속 조선에 머물렀다.

"자네는 도로와 지방에 내려가서 수정을 비롯해 광물 캐는 일을 함께 하게. 그러면서 이 땅의 어디에 뭐가 묻혀 있고, 캐내려면 어떤 방법을 써야 하는지 익히도록 하게나."

한양에 돌아오면 좀 쉬면서 고향에 내려가 볼까 생각 중이었던 장영실은 크게 실망했다. 그러자 표정을 읽은 이천이 입을 열었다.

"마지막으로 가볼 곳이 청송일 걸세. 거기서 일을 마치고 동래에 갔다 와도 좋네."

"감사합니다. 참판 나리."

"시간이 없으니 바로 출발하게. 역마를 쓸 수 있는 마패는 도로가 가지고 있네."

"바로 준비하고 나오겠습니다."

장영실과 도로를 숭례문까지 배웅한 이천은 먼발치에서 지켜보던 누군가에게 다가갔다.

"가서 말이라도 붙이지 그랬는가?"

"중대한 나랏일을 하고 있는데 갑작스럽게 아비가 나타나 혹여 혼란을 주지 않을까 싶습니다."

"자네 심정은 이해하네만, 영실이가 딱해서 그러네."

하늘을 우러러본 그가 탁한 한숨을 내쉬었다.

"다 아비를 잘못 만난 탓이지요. 나중에 이 죄를 어찌 감당할지 걱정입니다."

"전하께서 어제 후원으로 자네 아들과 나, 예문관 제학과 서운관 판사를 불렀네."

"드디어 시작하시는 겁니까?"

그의 물음에 이천이 고개를 끄덕거렸다.

"때가 왔다고 생각하신 모양이야. 이제 명나라와의 관계도 어느 정도 정리되었고, 왜국도 대마도 정벌 이후 잠잠하니까 말이야."

"신이 기다려 왔던 시간입니다."

"참으로 오래 기다렸네. 오랫동안 말이야."

이천이 착잡한 말투로 얘기하자 상대방은 장영실이 빠져나간 숭례문을 바라보면서 중얼거렸다.

"그 모든 것이 제 아들의 어깨에 달려 있다니, 참으로 질긴 운명입니다."

익숙한 고향의 모습이 보이자 장영실의 가슴은 두근거렸다. 순흥과 청송을 돌면서 회회사문 도로와 함께 수정을 비롯한 광물들을 캐냈다. 역마를 쓸 수 있고, 고을 수령들의 협조를 받았기 때문에 일은 비교적 쉬웠다.

도로와도 점차 가까워졌다. 그가 하루에 다섯 번씩 서쪽 방향으로 절을 하고, 코란이라고 부르는 경전을 읽는 것을 보고도 놀라지 않았다. 얼마 지나서는 장영실에게 딸이 말을 안 듣는다는 속내까지 얘기할 정도였다. 그러면서 회회인의 각종 기술에 대해서도 소상하게 이야기해 주었다. 일이 끝나면 밤에 저녁을 먹고 새벽까지 이야기를 나눈 적이 한두 번이 아니었다. 장영실은 그렇게 새로운 세상의 낯선 기술들을 접했다.

청송에서 일을 마치고 나서 도로는 캐낸 수정을 갖고 한양으로 올라갔다. 장영실은 먹는 시간과 잠자는 시간을 줄여 고향으로 내려갔다. 익숙한 거리와 사람들이 보이자 장영실은 눈물을 참을 수 없었다.

단숨에 집 앞까지 달려간 장영실은 막상 싸리문 안으로 들어갈 수 없었다. 허리가 굽은 어머니가 힘겹게 부엌에서 나오는 것을 보았기 때문이다. 기둥을 잡고 한참 숨을 몰아쉬던 어머니는 무심코 고개를 들었다가 싸리문 밖의 아들을 보고 그 자리에 털썩 주저앉았다.

"아이고, 이게 꿈이냐. 생시냐."

"어머니!"

싸리문을 박차고 들어간 장영실은 쓰러진 어머니를 와락 끌어안았다. 그제야 실감을 한 어머니가 아들을 부둥켜안았다.

"천지신명께서 돌봐 주셨구나. 우리 아들이 이렇게 돌아오다니. 어떻게 된 일이냐? 연락도 없이."

"일하러 내려왔다가 잠깐 짬을 내서 들렀어요."

"그래, 잘 왔다. 우리 아들."

"다들 잘 있나요?"

"잘 있고말고. 네 아들도 이제 옹알이를 제법 하더라."

"아들이요?"

장영실의 반문에 어머니가 대답을 하려다가 싸리문 쪽을 쳐다봤다. 장영실이 고개를 돌리자 보따리를 머리에 이고, 아이를 등에 업은 분이가 보였다. 장영실이 멍하게 서 있는 사이 보따리를 툇마루에 내려놓은 분이가 아이를 품에 안고 말했다.

"아가야. 아버지 오셨다."

그때야 무슨 일인지 알게 된 장영실은 참았던 눈물을 쏟았다.

"분이야."

"오늘 아침에 까치가 울더라. 그래서 기다렸지. 다른 날들처럼."

셋이 부둥켜안고 울자 멋모르는 아이도 목청껏 울기 시작했다.

볕이 잘 드는 동래 관아의 뒷산을 찾은 장영실은 걸음을 우뚝 멈추었다. 봉분도 없는 평토장이었지만, 어쩐지 이곳에 잠들어 있다는 것을 쉽게 깨달을 수 있었다. 앞장서 걷던 분이가 희미하게 웃었다.

"할아버지가 돌아가시기 전에 그러셨어. 자기가 어디 묻혀 있건 영실이는 잘 찾아올 거라고 말이야."

자그마한 평지 앞에 무릎을 꿇은 장영실은 한참 동안이나 고개를 조아렸다. 시신을 만지는 오작인이라고 손가락질을 받던 그 시절 내내 곽 씨 노인은 그를 보살펴 줬고, 새로운 지식들을 알려 줬다.

"이럴 줄 알았으면 중간에 한 번이라도 내려올 걸."

이별을 못내 아쉬워하는 장영실의 어깨에 분이가 손을 올렸다.

"지금이라도 왔으니까 된 거지."

일찍 잠든 아이를 구석에 눕히고 세 사람은 등잔불을 켜고 오순 도순 밥을 먹었다. 장영실이 명나라 연경에서 본 것들을 얘기해 주면 두 사람은 눈이 휘둥그레지기 일쑤였다. 그런 모습들을 보면서 껄껄거리던 장영실의 귀에 낯익은 목소리가 들려왔다.

"영실이 안에 있는가?"

마당에 서 있는 형방을 본 장영실이 깜짝 놀랐다.

"여기까지는 어인 일이십니까?"

"한양으로부터 파발이 왔네. 보름까지 한양에 올라올 수 있도록 하라고 말이야."

"보름까지 말씀이십니까?"

"그렇다네. 역마를 쓸 수 있긴 하지만 늦어도 모레는 출발해야 하니 그리 알고 준비하도록 하게."

"알겠습니다."

형방이 돌아간 후 분위기가 가라앉았다. 숟가락을 든 어머니가 중얼거렸다.

"그래도 며칠은 더 말미가 있을 줄 알았는데 말이다."

"나랏일이라는 게 다 그렇죠."

"애는 내가 데리고 잘 테니까 둘이 오붓하게 보내어라."

어머니의 얘기에 장영실과 분이는 눈을 마주치고는 어색하게 웃었다.

이틀 후, 장영실은 가족들의 배웅을 받으며 한양으로 향했다.

시간을 찾아내다

초겨울이라 그런지 제법 쌀쌀한 기운이 감돌았다. 성질 급한 사람들은 벌써 휘항(揮項)*을 쓰고 돌아다니는 중이었다. 육조거리에 있는 공조에 들어선 장영실은 공고상(公故床)**을 물리는 이천을 만났다. 빈 공고상을 든 노비가 떠나자 이천이 아는 척을 했다.

"올라오느라 고생했네."

"이제 일을 시작하는 겁니까?"

"따르게. 봐야 할 곳이 있네."

이천이 장영실을 데리고 공조 밖으로 나갔다. 그리고 운종가를 따라 종루 쪽으로 걸어갔다.

장영실이 명나라에 가 있는 사이에 완성된 종루는 웅장함을 자랑했다. 특히 아래쪽이 사방으로 뚫려 있어서 사람과 수레가 드나들 수 있게 만들어졌다. 종루 안으로 들어간 이천은 구석에 있는 계단을 밟고 위로 올라갔다. 장영실도 뒤따라 올라가서 한 번도 본 적이 없던 2층을 봤다. 가운데는 사람이 몇이나 들어가도 될 법한 커다란 종이 걸려 있었다. 앞서 올라간 이천이 큰소리로 외쳤다.

"금루관(禁漏官)***은 어디 있느냐?"

그러자 구석에서 쪼그리고 앉아 뭔가를 보고 있던 젊은 관리가 고개를 들었다.

"공조참판 나리께서 어인 일이십니까?"

"경루(更漏)****를 보러 왔네."

이천의 말에 금루관은 조용히 일어나 옆으로 물러났다. 그러자 장영실의 눈에 경루가 보였다. 층층이 쌓은 항아리에서 작은 물줄기가 아래쪽 항아리로 들어갔다. 그리고 아래 있던 항아리의 물은 제일 아래 있는 사각형의 나무통에 들어갔다. 장영실이 다가가 나무통 안을 살펴보자 눈금이 그려진 게 보였다. 경루를 한참 바라보던 장영실에게 이천이 설명했다.

"이곳에서 시간을 확인하고 종루의 종을 울린다네. 그걸로 새벽에 도성 문을 열고 밤중에 닫는 것이지. 문제는 절기마다 해가 뜨고 지는 시간이 다르기 때문에 정확한 시간에 열고 닫을 수 있게 종을 울릴 수 없다는 것이네."

---

* 어깨까지 드리워진 남성 방한모
** 밥상의 한 종류로 머리에 이고 운반하기 쉽도록 제작했다. 관청이나 궁궐에서 숙직을 하는 관리에게 집에서 만든 음식을 나를 때 사용되었다. 조선 시대 관료들은 대개 집에서 가져온 식사로 점심을 해결하거나 혹은 굶었다.
*** 시간을 확인하는 일을 하는 관상감 벼슬
**** 태조 7년(1398)에 처음 설치된 물시계로 종루의 종을 울릴 시간을 확인하기 위한 것이었다.

"그래서 경루가 필요한 것 아니겠습니까?"

"맞네. 그래야만 하루를 제대로 시작하고 마무리 지을 수 있으니까 말이야. 그러려면 일정하게 흘러내리는 물의 높이를 눈금으로 재는 물시계로 시간을 측정하는 게 가장 정확하다네. 문제는 말이야."

이천이 금루관을 힐끔 쳐다보면서 덧붙였다.

"그걸 지켜보는 일이 보통 고역이 아니라는 걸세. 저기 있는 금루관이 그 일을 하는데 온종일 눈금을 바라보는 건 쉬운 일이 아니지. 안 그런가?"

갑작스러운 질문에 금루관이 하소연을 쏟아 냈다.

"맞습니다. 잠깐만 앉아 있어도 졸음이 얼마나 쏟아지는지 모르겠습니다요."

금루관의 얘기를 들은 이천이 장영실을 바라봤다.

"경루는 경점(更點)*을 확인하는 중요한 기기이지만, 보다시피 치명적인 단점이 있네. 자네가 할 일은 이 문제점을 해결할 물시계를 만드는 일이야."

"사람이 계속 지켜보지 않아도 스스로 시간을 알려 주는 물시계를 만들란 말씀이십니까?"

장영실의 반문에 이천이 고개를 끄덕거렸다.

---

* 하룻밤을 5점으로 나눠서 구분하는 것은 한양 도성의 성문을 여닫고 야간통금을 행하는 기준이 되었다. 절기마다 해가 뜨고 지는 시간이 달랐기 때문에 해시계로는 측정이 불가능했고, 물시계로 측정해야만 했다.

"정밀하게 시간을 측정할 수 있어야만 하네. 지금처럼 시뿐만 아니라 점까지 확인할 수 있는 물시계여야만 한다네."

예상하긴 했지만 묵직한 부담감이 느껴지자 숨쉬기가 곤란했다. 그런 장영실을 바라보던 이천이 빙그레 웃었다.

"공조로 돌아가서 차나 한잔 하면서 얘기하세."

종루에서 내려온 이천은 장영실을 데리고 공조로 돌아가서 구석에 있는 다시청(茶時廳)으로 향했다. 머리를 틀어 올린 다모(茶母)가 두 사람이 들어서는 것을 보더니 화로에 물이 담긴 그릇을 올렸다.

장영실이 맞은편 자리에 앉자 이천이 관복 소매에서 둘둘 말린 종이를 꺼냈다. 장영실이 종이를 펼치자 몇 가지 그림과 글씨들이 보였다. 지난번 경복궁 후원에서 봤던 책에 나왔던 그림이었다. 장영실이 그림을 뚫어지게 바라보는 사이, 이천이 입을 열었다.

"시간을 찾는 일이 모든 것의 시작이라네."

"시간을 말입니까?"

"지금 서운관 판사 이순지 대감이 회회력을 비롯한 외국의 역법을 참고해 우리만의 역법을 고안하는 중일세. 예문관 제학 정인지 대감도 하늘을 살필 수 있는 기계를 연구 중이지. 하지만 그 두 개가 제대로 작동하려면 먼저 시간을 알아야 하네."

"하긴 아무리 정교한 기계라고 해도 기준이 되는 시간을 모른다면 소용이 없겠죠."

"그 일이 바로 의표창제의 시작이 될 걸세."

의자에서 일어난 이천이 구석에 있는 사방탁자(四方卓子)로 걸어

가서는 둘둘 말린 종이들을 꺼내 그에게 보여 줬다.

"집현전(集賢殿)에서 조사한 이전의 물시계들일세. 첫 번째 것은 중국 송나라의 소송이라는 사람이 만든 물시계일세. 물레바퀴를 이용해서 자동으로 시간을 알려 준다고 하였는데, 너무 복잡해서 그가 죽은 후에는 아무도 다시 만들지 못했다고 하는군."

"너무 복잡하게 만들어서는 안 되겠군요."

고개를 끄덕거린 이천이 두 번째 종이를 보여 줬다.

"이건 신라 성덕왕 때 만든 물시계로 누각전에서 관리했다고 하네."

"아까 본 경루와 비슷하군요."

"맞아. 마지막 장은 회회인들이 만든 물시계일세."

"회회사문 도로에게 들은 적이 있습니다. 쇠구슬을 이용해서 시간을 표시했다고 하더군요."

"이 물시계들은 각각 장단점이 있네. 잘 연구해서 최고의 물시계를 만들게. 절대로 틀리지 않고 오차도 나지 않는 그런 물시계를 말이야."

"일단 경루를 참고로 해서 만들어 보겠습니다."

"임금께서 궁궐에서 시간을 측정할 정밀한 물시계가 필요하다는 명분을 내세우실 것이니 사람이든 재료든 걱정 말고 사용하게."

"알겠습니다."

남은 차를 마신 장영실이 탁자 위에 놓인 종이에 그려진 물시계들을 뚫어지게 바라봤다.

숙소로 돌아온 장영실은 이천이 보내 준 종이에 새로운 물시계들의 모양을 그려 봤다. 하지만 사람에게 의지하지 않고도 정밀하게 측정할 수 있는 물시계를 만드는 것은 쉽지 않았다. 겨울이 찾아오고, 봄이 될 때까지 장영실은 종이에 물시계를 그리고 또 그렸지만, 좀처럼 묘안이 떠오르지 않았다. 수염이 덥수룩하게 자라났고, 방 안은 찢긴 종이들로 가득했다. 가끔 동래에서 올라오는 분이와 어머니의 편지만이 그의 눈길을 끌 뿐이었다. 봄도 거의 지나갈 무렵, 반가운 손님이 찾아왔다.

"오랜만일세."

터번과 카프탄 차림의 회회사문 도로가 같은 옷차림을 한 어린아이와 함께 인사를 건넸다.

"아니, 여긴 어쩐 일이십니까?"

"지나가다 들렀네. 자네가 밤낮을 잊고 일에 열중한다고 해서 말이야."

도로가 눈짓을 하자 옆에 있던 어린아이가 꾸벅 인사를 하더니 손에 들고 온 달걀 꾸러미를 내밀었다.

"내 아들 아람일세. 요새 한참 밖에 나가는 데 재미를 붙여서 말이야."

달걀 꾸러미를 넘겨받은 장영실이 활짝 웃으면서 대답했다.

"누추하지만 들어오시지요."

방에 들어온 아람은 장영실이 물시계를 고안하느라 갖다 놓거나 만들어 놓은 작은 쇠구슬과 나무토막들을 가지고 놀았다. 도로는 장영실이 그림과 글씨를 쓰다가 버린 종이들을 살펴봤다.

"고민이 많군."

"세상에 없는 걸 만들어야 하니까 당연히 고민해야 하지 않겠습니까?"

장영실의 대답을 들은 도로가 말했다.

"나도 한때 낯선 세상을 돌아다니는 것을 즐거움으로 삼은 적이 있었네. 고향을 떠나 명나라와 왜국을 거쳐 이곳 조선에 오게 된 것도 그것 때문이었지. 새로운 것에 대한 목마름으로 말이야."

"먼 길을 오신 현자에게 가르침을 청합니다."

"자네는 현명하기 때문에 가르침은 필요 없네. 오직 깨달음만 있으면 그만이거든."

깨달음이라는 도로의 말이 뇌리에서 번져 나갔다. 장영실은 회회인의 물시계를 흉내 낸 그림을 펼쳐 도로에게 물었다.

"회회의 물시계는 쇠구슬을 이용한다고 들었습니다. 어떻게 하는 겁니까?"

"나도 소문만 들었을 뿐 정확하게 아는 바는 없네."

도로가 안타깝다는 표정으로 대답하자 장영실은 힘없이 고개를 끄덕거렸다. 도로가 조심스럽게 물었다.

"쇠구슬에 집착하는 연유가 무엇인가?"

"전하께서는 사람이 계속 지켜봐야 하는 것이 아니라 때가 되면 알아서 시간을 알려 주는 물시계를 원하십니다. 그렇게 하려면 어떤 힘으로 시간을 표시해야만 합니다. 하지만 물 자체는 가벼운 것을 띄우거나 아래로 흐르는 성질밖에는 없어서 그걸로 어떤 장치를 만들어 내는 것은 불가능합니다. 따라서 물을 움직이는 무언가가 필요합니다."

"그게 쇠구슬이란 말인가?"

도로의 반문에 장영실이 힘주어 대답했다.

"아마도요."

"도움이 되었으면 좋겠지만, 아는 게 별로 없어 안타까울 뿐이네."

"이리 와 주신 것만 해도 큰 도움이 되었습니다."

둘의 대화는 도로의 아들 아람 때문에 잠시 중단되었다. 나무토막을 쌓아 놓고 쇠구슬을 굴려서 무너뜨리는 놀이를 했던 것이다. 와르르 무너진 나무토막을 바라보던 장영실이 중얼거렸다.

"쇠구슬이 나무토막을 무너뜨렸군요."

"정확하게는 무너뜨린 게 아니라 밀어낸 걸세. 아래쪽 나무토막이 밀려나면서 위에 쌓여 있던 게 허물어진 것이지."

도로의 설명을 들은 장영실은 쇠구슬을 집어서 흩어진 나무토막을 향해 천천히 굴렸다. 굴러간 쇠구슬이 나무토막을 밀어내는 것이 보였다.

"쇠구슬을 움직일 수 있는 힘만 찾는다면 일이 쉬워질 수도 있겠네요."

장영실의 의미심장한 말에 도로가 고개를 끄덕였다.

"물은 넘치거나 아래로 흘러내린다네. 그 성질을 이용해 보게."

이야기를 좀 더 나눈 후에 도로는 아람과 함께 일어났다. 공손하게 인사를 하는 아람의 머리를 쓰다듬어 준 장영실은 동래에 남아 있는 가족, 특히 아들을 떠올렸다. 생각에 잠겨 있던 장영실에게 아람이 물었다.

"집에 신기한 게 많은데 또 놀러 와도 돼요?"

"얼마든지 오너라."

아버지의 손을 잡고 싸리문을 나서는 아람의 뒷모습을 바라보던 장영실은 뒤뜰로 향했다.

장영실은 항아리 가득 받아 놓은 물에 쇠구슬을 담가 보기도 하고 물을 쏟아서 움직이게 만들기도 했다. 그러면서 하나씩 결론을 내렸다.

"쇠구슬은 물에 뜨지 않으니까 다른 방법을 써야만 해. 물을 흘려서 움직이게 할 때에도 그냥은 안 되는군."

한동안 고민하던 장영실은 반으로 쪼갠 대나무를 항아리 주둥이와 툇마루 사이에 걸쳐 놨다. 높이가 비슷한 것을 확인한 뒤 항아리가 넘치도록 물을 부었다. 물이 찰랑거리면서 쇠구슬을 밀어냈다. 균형이 잡혔음에도 물에 밀린 쇠구슬은 반으로 쪼개진 대나무를 따라서 또르르 굴러갔다. 그 모습을 본 장영실은 참았던 한숨을 내쉬었다. 당장 방으로 돌아간 장영실은 종이를 펼쳐 놓고 새로운 그림을 그렸다.

"물의 힘으로 쇠구슬을 굴릴 수만 있다면 금루관이 계속 지켜보지 않아도 되는 물시계를 만들 수 있어."

밤새도록 새로운 물시계를 그리고 구상한 장영실은 해가 뜰 무렵 흡족한 미소와 함께 한 장의 종이를 펼쳐 들었다.

곧장 군기감으로 달려간 장영실은 필요한 재료들을 구하고 아예 구석에 작업장을 차렸다. 총통을 비롯한 다른 무기들을 만들던 군기감 장인들은 혼자 와서 이상한 걸 만드는 장영실을 의아한 눈으로 바라봤다. 하지만 그는 주변의 시선 따위 깡그리 무시한 채 얇은 판자로 가운데가 비어 있는 긴 막대기를 만들었다.

막대기가 제대로 만들어졌는지 이리저리 살피던 장영실은 곧장 종루로 뛰어갔다. 도착하자마자 2층에 올라간 장영실은 경루를 지키고 있던 금루관 옆자리에 쪼그리고 앉았다. 잠이 들락 말락 하던 금루관이 깜짝 놀라서 비명을 질렀다.

"뭐, 뭐하는 게요?"

"새로운 물시계를 만드는 중입니다."

넉살 좋게 대답한 장영실은 가지고 온 막대기를 경루 제일 아래쪽에 있던 나무통에 세웠다. 그리고 하루 종일 경루 앞에 앉아서 시간을 확인했다. 나무통 안의 눈금을 확인하고 막대기에도 눈금을 새겼다. 그렇게 꼬박 하루를 앉아서 시간을 확인한 장영실은 막대기를 들고 군기감으로 돌아갔다. 눈금이 새겨진 막대를 좀 더 정교하게 만들고 눈금이 새겨진 곳에 칸막이를 만들어서 끼워 넣었다.

그렇게 며칠이 쏜살같이 지나가고, 군기감으로 이천이 찾아왔다.

"일에 열중한다는 얘기를 들었네."

"새로운 방법을 찾았습니다. 금루관이 하루 종일 지키고 있지 않아도 시간을 알 수 있는 방법을 말입니다."

장영실의 들뜬 목소리에 이천이 가만히 웃었다.

"자네라면 방법을 찾아낼 줄 알았네. 그래 어떤 방법인가?"

"물시계는 기본적으로 떨어지는 물의 높이를 보고 시간이 흘러가는 걸 확인합니다. 그래서 정확하긴 하지만 사람이 내내 눈금을 봐야 하는 문제가 있죠."

"그렇다네."

장영실이 콩알만 한 쇠구슬을 보여 줬다.

"제가 찾은 답은 이겁니다."

"이걸로 말인가?"

"물론입니다."

"하지만 쇠구슬은 물에 뜨지 않네."

이천의 반문에 장영실이 며칠 동안 만들었던 막대기를 가리켰다.

"저 막대기의 도움을 받을 겁니다."

장영실이 가리킨 막대기를 집어든 이천이 고개를 갸우뚱했다.

"한 면이 트여 있고, 칸막이가 있군."

"칸막이는 한 시각을 표시한 겁니다. 그 칸막이에 쇠구슬을 넣을 겁니다. 밑에 균형을 잡을 나무판을 붙이고 제일 아래 물통에 띄울 겁니다."

장영실의 얘기를 들은 이천이 무릎을 쳤다.

"옳거니, 그럼 가벼운 나무가 물에 뜰 것이고 위로 올라가면서 칸칸이 있는 쇠구슬을 밖으로 나오게 한다 이 말이군."

"그러면 금루관이 내내 지키고 있지 않아도 쇠구슬이 굴러 나오는 것으로 시간을 확인할 수 있습니다."

"좋은 방법이로군."

"난관이 많습니다. 일단 받침대가 균형을 잡아 주는 게 중요하고, 그다음에는 막대기가 흔들리지 않아야 하니 물통 모양도 달리 만들어야 합니다. 아마 원형으로 좁고 길게 만들어야 하지 않나 싶습니다."

"기대하겠네. 몸 상하지 않도록 하게."

이천이 자리를 뜨고 장영실은 내내 막대기를 바라봤다. 그리고 생각나는 대로 종이에 적어 둔 다음 나무를 가져다가 톱으로 잘랐다. 경쾌한 톱질 소리가 군기감 장인들의 망치질 소리 사이에서 울려 퍼졌다.

대략적인 형태가 나오자 이천은 물시계가 궁궐 안에 설치될 것이라고 귀띔했다. 바짝 긴장한 장영실은 꼼꼼하게 모양을 그려 만들어 냈다. 쇠구슬이 든 막대기를 띄울 물통은 여러 번의 시행착오

끝에 청동으로 만드는 것으로 결정이 났다. 그 얘기를 들은 이천이 대답했다.

"군기감 안에는 청동을 잘 다루는 장인들이 제법 많지. 특히 화포제조소 장인들이라면 원하는 걸 만들어 줄 수 있을 거야."

장영실은 이천과 함께 군기감의 제일 안쪽에 있는 화포제조소로 향했다. 크고 작은 총통을 만드느라 여념이 없던 화포제조소 장인들 곁으로 다가간 이천이 그중 한 명을 데리고 왔다. 훤칠한 키에 백발이 성성한 장인은 내키지 않는 얼굴을 했다. 이천이 그런 장인에게 말했다.

"이 사람은 중요한 나랏일을 하고 있는 중일세. 원하는 걸 만들어 주게."

장인은 못마땅한 얼굴로 고개를 끄덕였다. 이천이 잘해 보라는 말을 남기고 자리를 뜨자 장영실은 다가가서 인사를 했다.

"처음 뵙겠습니다. 장영실이라고 합니다."

"황대만이라고 하네. 총통을 만드느라 바빠 죽겠는데 무슨 일인가?"

"새로운 물시계에 쓰일 물통이 필요합니다. 원형으로 길어야 합니다."

"물통이 꼭 그래야 할 필요가 있나?"

"쇠구슬이 든 막대기를 들어 올려야 하거든요."

장영실의 설명을 들은 황대만은 고개를 저었다.

"한 가지 빼먹은 게 있네."

“뭘 말입니까?”

“쇠구슬이 든 막대기가 위로 올라간다고 저절로 굴러 떨어진다는 보장이 없지 않은가?”

생각지도 못한 핵심을 찔린 장영실은 아무 대답도 하지 못했다. 황대만이 덧붙였다.

“칸막이는 쇠구슬을 담아 놓기는 하지만, 굴러가게는 못한다네. 그 방법을 찾아본 후에 물통을 만드는 게 좋겠네. 방법을 찾아오면 내가 만들어 주지.”

“아, 알겠습니다.”

다 완성되었다고 생각했던 장영실은 겨우 입을 열어서 대답하고 자리를 떴다.

집으로 돌아온 장영실은 창피함을 뇌리에 새기고 고민에 빠졌다. 떠오르는 물을 이용해서 쇠구슬을 움직이게 하려면 결국 솟아오르는 막대기가 어딘가에 놓여 있는 쇠구슬을 건드려서 굴러가게 하는 방법밖에는 없었다.

“어떻게 해야 고정된 쇠구슬을 움직이게 할 수 있지?”

물시계의 물은 천천히, 아주 천천히 차올랐다. 쇠구슬이 작다고 해도 밀어 올리기에는 역부족이었다. 혹시나 해서 집에 항아리와 막대기를 가져다 놓고 실험해 봤지만, 예상대로 쇠구슬은 꼼짝도 하지 않았다. 쏟아지는 물의 양을 늘리는 방법이 있었지만, 그러면 들어가는 물과 받는 통의 크기도 따라서 커진다. 다시 고민이 시작되었다.

그런데 해답은 의외의 것에서 나왔다. 배고픔에 지쳐서 밥을 먹으려고 숟가락을 든 순간이었다.

"오목한 숟가락에 쇠구슬을 담고, 물이 차면서 떠오르는 막대기가 그걸 건드리면……."

당장 군기감으로 달려간 장영실은 황대만을 찾아서 설명을 했다. 그러자 한 손으로 수염을 만지작거리면서 생각에 잠겼던 황대만이 대답했다.

"굉장히 정교하고 복잡한 기계가 되겠군."

그러고는 조마조마한 눈으로 바라보던 장영실을 향해 히죽 웃어 보였다.

"자네 뒤쪽에 공구가 든 나무통이 있으니 들고 따라오게."

"감사합니다."

장영실은 황대만과 함께 쇠구슬을 담을 수 있으면서도 물의 힘으로 떠오르는 막대기가 살짝 건드려도 넘어갈 수 있도록 정교하게 만드는 데 힘썼다. 군기감에서 일하는 임춘발과 조순생도 힘을 합했다. 장영실이 기기의 그림을 그려 주면 황대만과 두 사람이 주물을 이용해서 청동으로 만들었다.

마침내 쇠구슬을 담으면서 막대기가 살짝만 건드려도 움직이는 정교한 장치가 만들어졌다. 거기에 황대만이 공들여서 청동 물받침

대까지 만들자 마침내 새로운 물시계가 완성되었다. 군기감의 뜰에서 새로 만든 물시계를 차근차근 조립해 나갔다. 몇 날 며칠 밤을 새우면서 제대로 작동하는지, 오차가 없는지 측정했다. 약속한 날이 되자 이천은 물론, 정인지와 이순지, 금루관들이 몰려왔다.

이천이 장영실이 만든 물시계를 살펴봤다.

"경루와 비슷하게 생겼군."

"원리는 똑같습니다. 다만 저게 다를 뿐이죠."

장영실은 제일 아래 받쳐 놓은 통을 가리켰다. 황대만이 만든 청동으로 된 원형 물통은 사람 허리 높이였고, 위에는 긴 막대기가 불룩 솟아 있었다. 막대기를 들여다본 이천이 말했다.

"안에 쇠구슬이 있군. 그런데 이 숟가락같이 생긴 건 뭔가?"

"쇠구슬을 밖으로 굴릴 장치입니다."

장영실이 여분으로 만든 것을 보여 주면서 원리를 설명했다.

"원통으로 물이 차면 잣대가 위로 올라오면서 막대기 안에 있는 숟가락 끝을 살짝 건드립니다."

"옳거니, 그러면 숟가락 끝이 위로 올라가면서 반대쪽 오목한 곳에 담겨 있는 쇠구슬이 밖으로 굴러 나오는군."

"그렇습니다. 그러면 금루관이 하루 종일 지키고 있지 않아도 쇠구슬이 굴러 떨어지는 것만 보고도 시각을 알 수 있습니다."

설명을 하는 동안 물시계의 위쪽 항아리에서 내려온 물이 아래쪽 원통을 채우면서 잣대가 솟아올라 쇠구슬이 올려진 숟가락의 끝을 건드렸다. 그러자 숟가락의 반대쪽이 아래로 내려오면서 담겨져 있던 쇠구슬이 아래로 떨어졌다. 아래쪽에는 청동으로 만든 원형의 쟁반이 있고, 쇠구슬은 그 쟁반에 요란한 소리를 내면서 떨어졌다. 지켜보던 금루관의 표정이 환해졌다.

"이 물시계만 있다면 하루 종일 지켜보지 않아도 시각을 알 수 있겠습니다."

금루관의 얘기를 들은 장영실이 덧붙였다.

"쇠구슬이 다섯 개 있습니다. 해가 뜨지 않는 밤중의 경점을 확인할 수 있습니다."

장영실의 얘기를 들은 이천이 끄덕거렸다.

"쇠구슬이 떨어지는 것만 확인하면 되니 종루에 있는 지금의 경루보다는 훨씬 정밀하겠군. 참으로 고생하였네. 주상 전하께서도 기뻐하실 것이야."

며칠 후, 장영실은 이천을 따라 경복궁으로 들어갔다. 지난번처럼 영추문으로 들어간 장영실은 경회루 뒤편에 전각을 새로 짓는 것을 봤다. 그 옆에는 돌로 제단 같은 것을 쌓는 중이었다. 이천이 그 전각을 가리키면서 말했다.

"전하께서 저곳에 자네가 만든 새로운 물시계를 가져다 놓으라고 하셨네."

"전각을 따로 만들어서 말입니까?"

"그만큼 귀중하게 여긴다는 뜻이라네. 그리고 그 물시계를 경점지기(更點之器)*라고 명하셨네."

"경점을 재는 기기라는 뜻이군요."

"맞네. 시간을 측정하는 기기를 궁 안에 두신다는 것은 그만큼 중하게 여기겠다는 뜻이 아니겠느냐. 저 옆에 제단을 쌓는 것은 천체 관측기구를 올릴 간의대(簡儀臺)라는 곳이다."

"시간 옆에 하늘을 두시는군요."

"시간을 측정할 수 있고, 우리만의 역법을 만들어 낸다면, 그다음은 그걸 가지고 하늘을 살펴봐야 하니까. 그렇게 된다면 백성에게 언제 밭에 씨를 뿌리고 거둬들여야 할지 알려 줄 수 있다네. 아울러 별의 움직임을 통해서 계절의 변화도 알 수 있고 말이야."

장영실은 임금이 가지고 있는 원대한 뜻을 짐작조차 할 수 없었다. 이천이 덧붙였다.

"경점만 재는 것으로 만족하지 말고 더 정밀한 시간 측정기구를 만들라고 명하셨네."

쿵쾅거리는 망치질 소리에 귀를 기울였던 장영실이 돌아봤다.

"더 정확한 시간 측정기구 말입니까?"

"지금 것은 경점까지밖에는 측정하지 못하니 하루 종일 시간을 측정할 수 있는, 그것도 가급적 작은 단위까지 살펴볼 수 있는 기구를 만들라는 어명이시네. 어렵긴 하겠지만 쇠구슬을 이용하는 법

---

* 세종 6년(1424) 5월 6일자 실록 기사에서 확인할 수 있다.

을 알았으니 가능할 걸세. 이제 군기감에서 일하지 말고 별도의 작업공간을 만들어 줄 것이니 그곳에서 일하게."

"함께 일할 사람이 필요합니다. 예전에 대루청에서 함께 있던 사람들이 군기감에 있습니다."

"그들과 함께 일해도 좋네."

"화포제조소에서 일하는 황대만이라는 분도 함께하고 싶습니다."

장영실의 얘기에 약간 난감한 표정을 지은 이천이 말했다.

"그 사람은 화포제조소에서도 필요한 사람이네. 일단 조치는 취해 보겠지만 당장은 좀 어려울 걸세."

"꼭 부탁드리겠습니다."

"참, 전하께서 동래에 있는 자네 가족들을 한양으로 불러올리라는 명을 내리셨네."

기쁜 소식을 들은 장영실이 반색을 했다.

"그게 정말입니까?"

"면천까지는 허락받지 못했지만, 열심히 일하면 보상을 받을 걸세. 그러니 앞으로도 열심히 하게."

이천의 말을 들은 장영실은 기쁨을 참지 못하고 두 주먹을 불끈 쥐고 환호성을 질렀다. 조용한 궁궐에서 터진 그의 외침에 지나가던 환관이 놀란 눈으로 바라봤다.

"여깁니다. 어머니."

장영실의 안내를 받아 초가집으로 들어선 어머니는 눈이 휘둥그레졌다.

"이 집이 우리가 머물 곳이란 말이냐?"

"네. 방도 제법 커요."

등에 업은 아들을 땅에 내린 분이도 방문을 열어 보면서 신기해했다. 미리 와서 짐을 정리하던 임춘발, 조순생과 인사를 나누면서 집 안팎에 웃음꽃이 활짝 피었다. 짐 정리를 한 분이가 장영실에게 말했다.

"믿기지가 않아."

"앞으로 더 열심히 해서 우리 가족 모두 노비 신세에서 벗어나게 해 줄게."

"이런 날이 올 거라고는 꿈에도 생각지 못했는데."

분이가 말을 끝맺지 못하자 장영실은 아무 말 없이 그녀를 와락 끌어안았다.

해질 무렵, 관령(管領)이 호적을 정리하기 위해 찾아왔다. 노비 신분인 것을 확인하고는 대놓고 무시했지만, 때마침 공조참판 이천이 보낸 겸인(傔人)*이 옷과 음식을 가져오면서 분위기가 누그러졌

---

* 양반집 안팎을 돌보는 집사. 청지기라고도 불렀다.

다. 궁궐에서 일한다는 말을 들은 관령은 별다른 트집을 잡지 못하고 돌아갔다.

집들이를 하면서 흥겨운 분위기가 저녁까지 이어졌다. 임춘발과 조순생이 돌아가고 가족만 남자 장영실이 어머니에게 조심스럽게 물었다.

"그런데 어머니, 아버지는 한양에 계시는 거 맞습니까?"

아버지 얘기를 꺼내자 어머니의 표정이 확 굳어졌다. 하지만 이번에는 장영실도 물러나지 않았다.

"한양에 올라오면, 때가 되면 알려 주신다 하지 않으셨습니까?"

"그래요, 어머니. 이제 우리 용준이에게도 할아버지가 있어야 하지 않겠어요?"

분이까지 거들자 어머니는 젓가락을 놓고 한숨을 쉬었다.

"이제 알 때도 되었지. 잘 들어라. 네 아버지는 '성' 자, '휘' 자를 쓰시는 분이다. 원나라에서 건너오셨단다."

"어머니와 어떻게 만나신 거예요?"

"나랏일을 하면서 동래현에 들리셨을 때 만났단다. 나는 그때 관기였는데 하룻밤을 모시게 되었지. 어찌나 고매했는지 한눈에 보고 반했단다. 하늘이 점지해 주셨는지 너를 잉태하게 되었고 말이다. 한양으로 올라가시면서 만약 사내아이를 낳으면 '영웅 영(英)' 자에 '열매 실(實)' 자로 이름을 붙이라고 하셨단다."

난생처음으로 아버지 얘기를 들은 장영실은 눈물을 주체할 수 없었다. 어머니는 그런 아들을 보면서 애써 눈물을 참았다.

"너를 보면서 내내 미안했단다. 아버지는 저렇게 번듯한데 어미를 잘못 만나서 천덕꾸러기 관노가 되었으니까 말이다."

"그럼 아버지는 지금 어디 계십니까?"

"예전에 돌아가셨단다. 네가 태어나고 몇 년은 간간이 편지가 왔는데 어느 날부터 오지 않기 시작했단다. 그래서 한양에 올라가는 사람한테 수소문을 했더니……."

어머니는 더 이상 말을 잇지 못했다. 장영실은 아무 말도 하지 못한 채 어머니를 안았다. 지켜보던 분이도 결국 눈물을 쏟고 말았다. 세 사람이 울고 있는 초가집의 싸리문 밖에서 누군가가 그 모습을 한참이나 지켜보다가 돌아섰다.

스스로 움직이는 시계

가족들이 한양으로 올라오고 작업장이 세워지자 장영실은 새로운 물시계 제작에 박차를 가했다. 쇠구슬을 이용한다는 큰 그림은 잡았지만, 하루 다섯 번 있는 경점을 측정하는 것과 열두 번의 시각과 그 이상의 정확한 시간을 측정할 수 있는 기기를 만드는 건 차원이 다른 문제였다. 처음에는 쇠구슬을 떨어뜨리는 장치를 열두 개로 늘리는 것만 생각했지만, 생각지도 못한 벽에 부딪치고 말았다.

"쇠구슬이 너무 작아."

장영실의 말에 조순생이 고개를 갸웃거렸다.

"큰 걸 써 볼까?"

"예전에 해 봤는데 그러면 잣대가 쇠구슬을 제대로 밀어 올리지 못합니다."

"결국은 작은 쇠구슬을 이용해서 큰 쇠구슬을 움직이든지, 아니면 여러 개를 한꺼번에 떨어뜨리는 수밖에는 없겠네."

"시각만 따져도 열두 개에 경과 점까지 알려 주려면 쇠구슬이 너무 많아집니다."

"결국 시를 표시하는 것과 경과 점을 표시하는 쇠구슬은 따로 써야겠군."

"수수호(受水壺)*는 하나로 해도 파수호(播水壺)**는 두 개로 나눠야 합니다. 그래서 하나는 시각을 표시하고, 다른 하나는 경점을 표시하는 걸로 써야 할 거 같아요."

고운 모래에 쇠막대기로 그림을 그리고, 그걸 다시 종이로 옮겨 그렸다. 그리고 주물을 이용해 청동으로 제작하거나 혹은 나무를 깎아서 기기들을 만들어 갔다.

날짜가 지나가고 계절이 바뀌어 해가 지나갔지만 장영실은 묵묵히 자신의 일을 했다. 가끔 이천이 와서 진행 상황을 살펴보고, 필요한 것들을 챙겨 줬다. 그림은 점점 복잡해졌고, 크기도 커졌다. 조순생은 그럴 때마다 불안감을 감추지 못했다.

"이렇게 크게 만들면 제대로 움직일까?"

"선택의 여지가 없잖아요."

구조에 대한 생각이 마무리 될 무렵, 그를 괴롭힌 것은 어떻게 시각을 표시하느냐였다. 시각은 물론, 경점까지 표시하려면 움직여야 하는 쇠구슬의 수가 너무 많았다. 임춘발이 색깔이나 크기를 달리해서 표시하자고 했지만, 되도록 사람 손을 쓰지 말라는 어명을

---

* 자격루에서 물을 흘려보내는 항아리
** 자격루에서 흘러온 물을 받는 항아리

떠올린 장영실이 반대했다.

머리가 아파진 장영실은 잠시 하던 일을 멈추고 바람을 쐬러 운종가로 나섰다. 사람들이 구름처럼 몰려 있는 운종가를 지나치면서 잠시 숨을 돌린 그는 혜정교 난간에 기대 지친 다리를 쉬면서 지나가는 사람들을 구경했다.

바쁘게 오가는 사람들 사이에서 약속을 어겼다고 삿대질을 하며 다투는 보부상들이 있었다. 해가 중천에 뜨면 만나기로 했는데 한 사람은 아직 중천에 뜨지 않았다고 했고, 다른 한 명은 이미 지나갔다면서 싸우는 것이다. 슬그머니 고개를 든 장영실은 하늘에 떠 있는 해를 바라봤다. 어떻게 보느냐에 따라 달라질 수 있기 때문에 두 사람이 싸우는 것도 이해가 갔다. 나중에는 백성을 위한 시계도 따로 만들어야겠다는 새로운 목표가 생겼다. 마음을 가다듬은 장영실은 작업장으로 돌아가기 위해 발걸음을 돌렸다.

그때 흥겨운 음악 소리가 들리자 장영실은 저도 모르게 그쪽으로 향했다. 송라립(松蘿笠)*을 쓰고 낡은 승복을 걸친 사내가 작은 북을 두드리며 장단을 맞추는 가운데 고깔모자를 쓴 여인이 작은 징을 치며 춤을 추는 중이었다. 다른 여인은 낡은 부채를 펼쳐 들고 빙빙 돌면서 춤을 췄다. 구경꾼들은 흥에 겨워서 어깨춤을 추기도 하고, 박수를 치면서 구경을 했다. 대체 무슨 풍경인지 몰라서 의아해하던 장영실은 옆에 서 있는 보부상에게 물었다.

"저들은 대체 누굽니까?"

"누구긴, 재가화상(在家和尙)**들이지. 시주를 받으려고 저러는 거

178 장영실 - 조선의 하늘과 시간을 찾다

야."

아닌 게 아니라, 한바탕 춤사위가 끝나자 부채를 든 여인들이 구
경꾼들에게 손을 내밀었다. 발길을 돌리는 사람도 있었고, 저화(楮
貨)***를 건네는 이도 있었다. 장영실은 그 광경을 보면서 중얼거렸
다.

"그래, 북이랑 징을 치면 되겠네. 그러면 헷갈리지도 않을 거고,
몇 번을 쳤는지 셀 필요도 없잖아."

작업장으로 돌아가는 동안 한 가지 생각이 더 떠올랐다.

"이왕 표시할 거 시각도 12지신을 그대로 보여 주면 되잖아. 그
럼 따로 표시하거나 세지 않아도 바로 몇 시인지 알 테니까 말이
야."

발걸음을 재촉해서 작업장으로 돌아온 장영실은 함께 일하는 임
춘발과 조순생에게 자신의 생각을 털어놨다. 임춘발이 맞장구를
쳤다.

"그거 좋은 생각이구먼. 까막눈들이 많아서 몇 시인지 한문으로
표시해도 모르는 사람들이 많거든."

---

* 겨우살이 소나무 줄기로 만든 모자. 삿갓과 비슷한 모양으로 승려나 재가승들이 썼다.
** 사찰에서 지내는 승려가 아니라 시중에서 가정을 꾸린 채 불법을 닦는 승려. 재가승이라고도 부른다.
*** 조선 초기에 조정에서 유통시키려던 닥나무 종이로 만든 화폐. 그러나 유통에 실패해서 사장되었다.

어떻게 할지 결정되자 새로운 물시계의 설계에도 진척이 생겼다. 장영실은 이왕 물시계의 규모가 커진다면 아예 물이 흐르는 부분과 기계가 작동하는 부분을 따로 나누자고 제안했다. 그러자 임춘발이 고개를 갸웃거렸다.

"그러면 쇠구슬을 어떻게 넘어가게 하려고?"

장영실은 대나무를 절반으로 쪼갠 것을 보여 주면서 대답했다.

"이런 걸 중간에 대서 기울여 놓으면 쇠구슬을 넘길 수 있습니다. 그러면서 속도가 빨라지면 칠 수 있는 힘도 생기는 거죠."

물을 흘려서 담고 쇠구슬을 넘기는 부분까지는 이미 경점지기 때 제작해 본 경험이 있기 때문에 손쉽게 만들 수 있었다. 이천은 장영실이 쏟아 내는 부탁들을 받고 어안이 벙벙해졌다.

"나무인형을 말인가?"

"네. 이 그림에 나온 크기와 모양대로 만들어 주셔야 합니다."

"그건 알겠네만, 12지신상은 어디다 쓰려고 그러는 건가?"

"시간을 표시하는 데 쓸 겁니다. 어차피 시각은 12간지에 맞춰져 있지 않으니까요."

"그렇긴 하지."

장영실의 얘기에 이천은 작업장에서 만들고 있는 새로운 물시계를 올려다보면서 물었다.

"그나저나 대체 새로운 물시계는 왜 이렇게 커진 건가?"

"모든 시간을 표시하기 위해서입니다. 시각은 물론, 경과 점까지 말입니다."

"아무튼 기대하고 있겠네. 부탁한 것들은 장인에게 부탁해서 최대한 빨리 만들도록 하겠네. 그리고 목각인형을 만든 장인을 이곳으로 며칠 동안 보내도록 하겠네."

"참으로 감사합니다."

"보루각(報漏閣)*이라고 이름이 지어졌네."

"뭐가 말씀이십니까?"

"경점기기를 설치했던 경복궁의 전각 말일세. '알릴 보(報)'에 '물시계 루(漏)'를 썼네."

"보루각이라……."

"전하께서 친히 지으셨네. 자네가 만든 시간을 담을 곳이지. 임금과 백성이 기다리는 모두의 시간 말일세."

이천이 돌아간 뒤 장영실은 작업장 툇마루에 걸터앉아 바닥에 나뭇가지로 보루각이라는 글씨를 썼다. 시간이 담긴 장소라는 뜻을 곱씹던 장영실은 희미한 웃음과 함께 몸을 일으켰다.

며칠 후, 떨떠름한 표정의 목수가 나무인형을 들고 작업장에 나타났다. 장영실은 작업장에서 한창 만들고 있는 새로운 물시계를 보고 벌린 입을 다물지 못하는 목수를 붙잡았다. 그러고는 종이에 그린 그림을 보여 주면서 말했다.

"팔을 움직이게 해 주십시오."

"아니, 팔을 어찌 움직이게 하란 말이오?"

---

* 장영실이 개발한 자격루를 설치한 전각으로 경복궁의 경회루 남쪽에 지어진 것으로 추정된다.

"이 그림대로 만들면 됩니다. 한쪽 팔이 위로 올라갔다가 아래로 내려오게 하면 됩니다."

"대체 왜 그렇게 만들어 달라고 하는 게요?"

"그 나무인형이 북과 징을 치게 만들려고요."

장영실의 들뜬 목소리를 들은 목수는 '미친놈'이라고 중얼거리고는 나가려고 했다. 하지만 장영실이 이천의 이름을 들먹이자 어쩔 수 없이 남아야만 했다.

"그래, 얘기나 들어 봅시다."

장영실은 미심쩍어하는 목수에게 인형이 어떻게 움직여서 시간을 알려 주는 것인지 설명해 주었다. 한참 동안 설명을 듣던 목수가 믿겨지지 않는다는 표정으로 반문했다.

"그러니까 사람이 움직이지 않고도 인형이 북을 치고 종을 울려서 시간을 알려 준다 이 말이오?"

"그것뿐만 아니라 12지신상으로 시각도 표시할 겁니다."

"진짜로 가능하겠소?"

목수가 거듭 못 믿겠다는 듯 반문하는데, 한창 실험 중이던 물시계의 잣대에서 쇠구슬이 덜컹거리며 떨어졌다. 긴 대롱을 따라 굴러간 쇠구슬을 본 목수가 자기 눈을 믿지 못하겠다는 표정을 지었다. 그러고는 슬그머니 장영실을 바라봤다.

"뭐가 필요하다 그러셨소?"

방긋 웃은 장영실이 목수를 보면서 말했다.

"아주 많이요."

경회루의 누각에 선 임금은 앞에 지어진 보루각을 물끄러미 내려다봤다. 뒤에는 이천과 이순지, 정인지가 나란히 서 있었다. 한참을 말없이 서 있던 임금이 한숨과 함께 물었다.

"명나라 사신이 보루각에 대해 물었다고 하였느냐?"

이천이 나서서 대답했다.

"예, 전하. 경회루에서 연회를 마치고 태평관(太平館)*으로 돌아가는 길에 갑자기 보루각 쪽으로 가더니 이것저것 물었다고 합니다."

대답을 들은 임금은 한동안 말이 없었다. 침묵이 이어지자 정인지가 나섰다.

"예문관 제학 아룁니다. 지난번에 명나라 사신들과 함께 온 자들이 도성 안팎을 은밀히 탐문했고, 이번 사신은 보루각에 관심을 보였사옵니다. 이를 보면 의표창제에 대해 어느 정도 알고 있지 않나 싶습니다."

정인지의 뒤를 이어서 이순지가 나섰다.

"누군가 명나라 사신에게 이 사실을 은밀히 알린 게 틀림없사옵니다, 전하."

"명나라 사신이 얼마만큼 알고 있느냐가 중요하다. 일단 태평관 주변의 경계를 늘려서 수상한 자들이 드나드는 것을 막도록 하라.

---

* 조선 초기 명나라 사신들이 머물던 숙소

그리고 예문관 제학은 명나라 사신을 만나서 얼마나 알고 있는지 떠보도록 하여라. 필요하다면 뇌물을 써도 좋다."

"알겠습니다. 전하."

"규표(簡儀)*는 어느 정도 진척이 있는가?"

"완성은 되었고, 실제로 맞는지 하늘을 보며 확인 중이옵니다."

"규표가 완성되면 그걸 토대로 간의와 혼천의를 만들 것이다. 아주 중요한 것이니 실수가 없도록 하여라."

"명심하겠습니다. 하오나 규표나 간의가 제대로 작동하려면 시간을 아주 정밀하게 측정할 수 있는 기기가 필요합니다. 지금 보루각에 있는 경점기기만으로는 턱없이 부족하옵니다."

"장영실이 지금 경점까지 측정이 가능한 정밀한 물시계를 만들고 있는 중이라고 했느니라."

임금의 말을 들은 이순지가 고개를 갸우뚱거렸다.

"지금까지 어떤 물시계도 경과 점까지 측정하지는 못했습니다. 과연 그게 가능하겠습니까?"

"내년에는 완성될 것 같으니 기다려 보면 되겠지."

"만약 그런 물시계가 만들어지기만 하면 역법을 계산하고 천문을 관측하는 데 큰 도움이 될 것이옵니다."

"의표창제에 있어 가장 중요한 일이라는 점은 과인도 잘 알고 있느니라. 이제 장영실을 믿고 기다리는 수밖에."

---

* 하늘의 방위와 절기를 파악하는 천문 관측기구로 간의대에 설치된 것이다. 임진왜란 때 파괴되었다.

애기가 끝나고 물러나려고 하던 이천을 임금이 불렀다.

"공조참판은 잠깐 남아 있으라."

"예, 전하."

두 사람이 계단으로 사라진 이후, 임금은 이천에게 물었다.

"이번에 사신으로 온 자가 본래 우리나라 사람이라고 했느냐?"

"그러하옵니다. 이원빈이라는 자이온데, 스스로 거세해서 환관이 되었다가 명나라로 갔던 자입니다."

"차라리 아둔하고 재물을 밝히는 자라면 모르겠지만, 그자는 다루기가 쉽지 않아 보이네. 지난번 연회 때에도 과인의 잔을 한 손으로 받지 않았느냐."

"소신도 그자가 염려스럽사옵니다."

"그자가 자주 들어오는 것을 보면 명나라에서도 뭔가를 알고 있는 것이 아닐까 염려스럽네."

"일단 동태를 잘 감시하도록 하겠습니다."

"예전에 이와 비슷한 일이 벌어졌다고 들었네."

임금의 갑작스러운 질문에 이천은 고개를 떨궜다. 젊은 시절의 기억이 떠오르기도 했거니와, 어떻게 설명을 해야 할지 정리가 되지 않았기 때문이다. 하지만 말을 해 보라는 임금의 눈빛에 굴복하고 말았다.

"태조대왕께서 천명을 받들고 선위를 받으셔서 조선을 개국하신 후에 명나라와 여러모로 갈등이 있었사옵니다."

"그렇다고 들었네. 명나라 홍무제가 삼봉(三峯, 정도전)을 소환하려고 했다 들었네."

"상왕 전하 때까지 그런 상황이 이어져서 차라리 왜와 손을 잡고 명나라와 결전을 벌이자는 이야기까지 나왔습니다."

당시 분위기를 떠올린 이천이 조심스럽게 말하자 임금은 짜증 섞인 목소리를 냈다.

"우리는 개국 이래 늘 명나라에게 사대하기를 멈추지 않았느니라. 공녀면 공녀, 매면 매, 환관이면 환관, 원하는 대로 모두 바쳤거늘 어찌 우리에게 그런단 말인가?"

"예전에 고려 임금이 명나라 홍무제에게 왜구를 물리칠 화약을 보내 달라고 부탁했다가 거절당한 적이 있습니다. 그래서 원나라에서 건너온 상인의 도움으로 화약을 만들어서 왜구를 물리친 적이 있습니다. 그 후 화통도감(火筒都監)*을 만들어서 화약무기를 독자적으로 만들자 명나라가 사신을 보내 질책을 했습니다. 그렇게 만든 화약을 자신들에게 겨눌까 두려워했기 때문이옵니다."

심호흡을 한 이천은 말을 이어 갔다.

"태종대왕께서는 나라를 부강하게 만들고자 뛰어난 재능을 가진 자라면 왜인이건, 야인이건 가리지 않고 받아들여서 정착시켰습니다. 그중에서 가장 많았던 건 원나라가 망하고 건너온 사람들이었사옵니다. 주로 강남에서 배를 타고 우리나라로 들어왔습니다. 그들에게서 우리가 가지고 있지 않던 정교한 기술들을 습득할 수 있

---

* 최무선의 건의로 만든 화약 제조기관. 고려 말에 폐쇄되었다.

었습니다."

"맞느니라. 김새나 야마사기의 기술을 우리 장인들이 고스란히 습득하였지."

"명나라는 그런 움직임을 불쾌해하면서 제동을 걸곤 했습니다. 이십여 년 전에도 그런 일이 있었습니다. 어디서 알아냈는지 명나라 사신이 강남에서 건너온 기술자 명단을 갖고 와서 이들을 내놓으라고 한 것이옵니다."

"그래서 어떻게 처리했느냐?"

"일단 사신에게 뇌물을 줘서 설득한 다음 명단에 있는 자들이 모두 죽거나 사라졌다고 했사옵니다. 그러고는 기술자들을 모두 숨겼습니다. 그들은 지금도 공식적으로는 살아 있는 사람들이 아닙니다."

"만약 의표창제도 명나라에서 안다면 그냥 넘어가지는 않겠군."

이천은 대답 대신 고개를 조아렸다. 한숨을 쉰 임금이 물러가도 좋다고 말했다.

물시계는 조금씩 형태를 갖추었다. 불가능할 것이라고 믿었던 부분들도 해결되어 갔다. 처마 끝에 고드름이 맺히는 겨울이 찾아왔다. 분이가 준 휘항을 쓰고 작업장으로 나간 장영실은 기다리고 있던 이천을 맞이했다.

"언제 오셨습니까?"

"방금 도착했네. 이제 점점 모양을 갖추어 가는군."

"내년 봄에는 움직이는 걸 보실 수 있을 겁니다."

장영실의 얘기를 듣던 이천은 탁자에 놓인 12지신상을 보고는 발걸음을 멈췄다.

"이건 뭔가?"

"경과 점은 소리를 내는 것으로 드러낼 수 있지만, 시각은 그렇게 할 수 없습니다. 그래서 이걸 보여 주려고요."

"그러니까 묘시면 토끼를 보여 주는 식인가?"

"네. 그게 보인 상태에서 북소리나 종소리가 울리면 사람들이 정확한 시간을 알 수 있지 않겠습니까?"

이천은 누각처럼 지어지는 물시계를 보면서 혀를 내둘렀다.

"사람이 손을 쓰지 않고도 그게 가능하단 말인가?"

"나무로 만든 인형이 무거워서 종이로 가볍게 만들었습니다. 보이게 하는 건 어렵지 않은데 시각이 바뀌면서 다음 인형으로 바뀌는 게 쉽지 않습니다. 그것만 해결되면 완벽합니다."

"대단하군. 오늘 온 건 다른 게 아니라 전하께서 고생하는 관원과 환관들을 위해 화산대(火山臺)*를 북성문 밖, 후원에서 베푸신다고 하셨기 때문일세. 오늘 저녁일세. 꼭 오라는 분부가 계셨으니 반드시 오게나. 영추문 수문장에게 말해 두겠네."

"그리하겠습니다."

그날 저녁, 장영실은 몸이 안 좋다는 임춘발을 남겨 두고 조순생

과 함께 경복궁으로 향했다. 궁궐에 처음 들어오는 조순생은 영추
문으로 들어서자 길게 펼쳐진 회랑을 보고 입을 다물지 못했다.

"정말 크네."

"후원은 말도 못하게 커요."

초대를 받은 하급 관료들이 삼삼오오 들뜬 목소리로 얘기를 나
누면서 북성문으로 향하는 중이었다.

그들을 따라 북성문으로 나서자 양옆에 천막이 세워져 있는 게
보였다. 야트막한 언덕 위에는 조량전(照涼殿)**이 세워져 있었고, 후
원 한가운데에는 군기감에서 나온 장인들이 바쁘게 움직이면서 화
산대를 펼칠 준비가 한창이었다. 바닥에는 두꺼운 종이로 감싼 포
통이 땅바닥에 군데군데 박혀 있었고, 두툼하게 쌓은 흙무더기에
는 불화살 수십 개가 하늘을 향한 채 꽂혀 있었다. 천막에 들어가서
그 광경을 구경하던 장영실은 군기감 장인 중에서 반가운 얼굴을
발견했다.

"대만 아저씨!"

휘항을 푹 눌러쓴 채 둘러보고 있던 황대만은 고개를 돌리더니
활짝 웃었다.

"영실이구나. 여긴 어쩐 일이냐?"

"오늘 임금께서 화산대를 베풀어 주신다고 해서 관화하러 왔어

---

* 조선 시대에 연말이나 연초에 궁궐에서 하던 불꽃놀이. 화희(火戱)라고도 불렸으며, 이를 구경하는
걸 관화(觀火)라고 불렀다. 왜나 여진 사신들을 불러서 위엄을 보여 주는 용도로도 사용되었다.
** 임금이 불꽃놀이를 구경할 때 설치했던 임시 가옥

요."

"그렇구나. 외국 사신에게나 보여 주던 것을 이렇게 아낌없이 베
풀어 주시니 얼마나 좋은 임금님이시냐."

"그러게요. 그런데 그건 뭔가요?"

장영실이 황대만이 옆구리에 끼고 있던 바구니를 가리키면서 물
었다.

"이거? 채롱이라고 부르는 채색한 바구니다. 여기서부터 화희가
시작되는 거지."

인사를 나눈 황대만은 군기감 장인들 곁으로 돌아가 불화살을
꽂은 다음, 끝에 주머니가 달린 장대를 주변에 꽂았다. 그리고 채롱
에서 꺼낸 가느다란 끈을 장대에 연결했다.

그 광경을 별 생각 없이 지켜보던 장영실의 눈에 뭔가가 보였다.
장대 끝에 톱니바퀴를 수평으로 놓은 평륜(平輪)이 달려 있고, 그 위
에 작은 대나무통이 여럿 달린 것이다. 아래쪽에는 같은 크기의 톱
니바퀴가 하나 더 달려 있는데, 역시 옆으로 대나무통들이 붙어 있
었다. 시각을 알려 주는 인형을 어떻게 움직이게 할까 고민하던 장
영실은 비슷한 구조를 보자 눈이 번쩍 띄었다. 다들 곧 벌어질 불꽃
놀이에 대한 기대감으로 웅성대던 와중에도 장영실은 거기에서 눈
을 떼지 못했다.

잠시 후, 임금이 거둥한다는 내시의 외침에 다들 입을 다물고 조
량전을 바라봤다. 세자를 대동하고 나타난 임금이 조량전에 앉자
군기감정이 앞으로 나아가 고개를 조아리며 불꽃놀이의 시작을 알

렸다. 임금이 고개를 끄덕거리자 군기감정이 불씨를 들고 채롱에 붙였다.

그걸 시작으로 군기감 장인들이 이리저리 뛰면서 불을 놨다. 종이로 감싼 채 땅에 박아 두었던 포통들이 요란한 소리를 내면서 터지자 옆에 있던 조순생이 움찔했다. 채롱에서 시작된 불이 끈을 타고 장대들로 옮겨 붙었다. 장대 끝의 주머니에 화약이 들어 있었는지, 펑 하는 소리와 함께 불꽃이 하늘로 치솟았다. 땅바닥에 꽂혔던 불화살들은 요란한 굉음을 내며 하늘로 쏜살같이 날아갔다. 사람들은 고개를 들고 밤하늘로 솟구쳐 사라지는 불화살을 바라봤다.

하지만 장영실의 눈길을 끈 것은 따로 있었다. 바로 평륜이 달린 장대였다. 불이 옮겨 붙은 대나무통에서 불꽃이 치솟았는데 빙빙 돌면서 사방에 하얀 불꽃을 뿌리고 있었다.

"평륜인데 알아서 돌잖아."

자세히 들여다보려고 시선을 고정시키는데 바로 옆에서 황대만의 목소리가 들렸다.

"하얀 불꽃은 처음 보지? 얼마 전에 유구국(琉球國) 사신이 화약에 놋쇠가루와 녹나무 기름을 섞으면 하얀 불꽃이 생길 거라고 해서 따라해 봤단다."*

"장대 위에 있는 평륜은 어떻게 해서 도는 건가요?"

"저거 말인가? 아래쪽에 톱니바퀴를 하나 붙였지."

---

* 실제로는 세조 8년(1462) 2월에 온 유구국 사신이 알려 준 내용이다.

껄껄 웃으면서 얘기한 황대만에게 장영실이 재차 물었다.

"그 톱니바퀴는 뭐로 돌린 건가요?"

"화약이 든 대나무통을 하나 붙였어. 그게 불을 뿜으면서 톱니바퀴를 돌리고, 거기에 맞물린 평륜이 돌아가는 방식이지."

황대만의 설명을 듣던 장영실은 예전 동래 관아에 있었을 때 수많은 톱니바퀴들이 돌아가면서 거리를 재던 기리고차를 고쳤던 것을 떠올렸다. 인형을 보여 주는 방법을 해결할 수 있다는 생각이 들었다. 지금까지는 평륜 위에 인형을 놓고 돌아가게 하는 방법만을 찾았다. 하지만 톱니바퀴를 이용해 아래쪽에서 돌리는 방식을 쓰면 문제가 해결될 듯했다. 터져 나가는 불꽃 앞에서 마지막 해답을 찾은 장영실이 활짝 웃자 황대만이 물었다.

"재미있느냐?"

"네. 중요한 걸 알아냈습니다."

"다행이로구나. 중요한 걸 만든다고 들었다. 부디 몸 성히 잘 완수하여라."

"그러겠습니다."

이미 마음은 물시계로 향한 장영실이 들뜬 목소리로 대꾸했다. 신이 난 장영실은 불꽃놀이가 채 끝나기도 전에 궁궐을 빠져나와 작업장으로 향했다. 영문을 몰라 하던 조순생이 허겁지겁 뒤를 따랐다. 작업장에 도착한 장영실은 뒤따라온 조순생에게 말했다.

"평륜 밑에 톱니바퀴를 놓고 돌려 보는 건 어떨까요?"

"평륜 밑에 톱니바퀴를 놓고 돌리자고?"

조순생의 반문에 장영실이 그림을 그려 가면서 설명했다.

"이렇게 하면 될 거 같아요."

그러자 병색이 완연한 임춘발이 끼어들었다.

"그럴 듯하네. 톱니바퀴는 내가 만들어 봄세."

"괜찮으시겠어요?"

"죽기 전에 뭐 하나라도 남겨 놔야지."

희미하게 웃은 임춘발이 기침을 하면서 돌아섰다.

장영실은 물시계 앞에 섰다. 몇 년째 조금씩 완성되고 있는 물시계가 그의 눈앞에 펼쳐져 있었다.

초헌에서 내린 이천이 작업장 밖에서 기다리고 있던 장영실에게 물었다.

"물시계가 완성되었다고?"

"들어가서 직접 보시지요."

이천은 장영실을 따라 작업장 안으로 들어갔다. 발립을 푹 눌러 쓴 이천의 겸인도 따라서 들어섰다.

때마침 조순생이 누각 위에 있는 파수호에 물을 붓는 중이었다. 아직 채색이 되지 않았지만, 엄청난 크기와 복잡한 구조를 본 이천은 압도당하고 말았다.

"맙소사, 정녕 이게 사람이 만든 것이란 말인가?"

그러자 나무인형들을 살펴보던 임춘발이 껄껄 웃었다.

"암요. 여기 영실이가 만들었고말고요."

장영실이 파수호가 있는 누각의 계단을 밟고 올라갔다. 이천도 장영실을 따라 계단을 올라갔다. 뚜껑이 달린 파수호 아래 칸에는 물을 받는 항아리 두 개가 나란히 있었고, 그 항아리는 수수호 역할을 하는 청동 원형통 두 개와 각각 연결되어 있었다. 통 안에는 거북이 모양으로 만든 잣대가 떠 있고, 청동으로 만든 관이 뻗어 나와 나무인형들이 있는 나무궤짝과 이어졌다. 뒤주를 닮은 나무궤짝은 사람이 들어갈 만큼 컸고, 한가운데 네모난 구멍이 뚫려 있었다. 위에는 종과 북, 징을 치는 나무인형들이 보였다. 몇 달 사이에 몰라보게 달라진 물시계의 모습에 이천은 마른침을 삼켰다. 둘러보는 사이 파수호를 들여다보던 조순생이 외쳤다.

"이제 곧 물시계가 움직일 겁니다."

그의 말이 떨어지기가 무섭게 파수호에서 떠오른 잣대가 작은 쇠구슬이 놓인 숟가락처럼 생긴 기기를 건드렸다. 아래로 떨어진 쇠구슬이 구리로 만든 통의 주둥이 안으로 떨어졌다. 안에서 굴러가는 소리가 들리자 이천은 귀를 기울였다. 뭔가에 걸렸는지 잠시 멈추는 소리가 들리더니 다시 어디론가 떨어지는 것 같았다. 장영실이 낮은 목소리로 설명했다.

"안에서 더 큰 쇠구슬이 있는 기기를 건드리도록 했습니다. 작은 쇠구슬로는 기기를 움직이기가 힘들어서요."

"어떤 기기를 말인가?"

이천의 물음이 끝나기도 전에 나무궤짝 위의 나무인형이 한 손을 번쩍 들어서 종을 쳤다. 은은한 종소리가 작업장 안에 울려 퍼졌다. 거의 동시에 나무궤짝의 뚫린 구멍 안에서 원숭이 모양의 인형이 신시(申時, 오후 3시부터 5시)라는 팻말을 들고 나타났다. 깜짝 놀란 이천이 물었다.

"저건 또 무슨 조화인가?"

"지난 연말에 화산대에 갔다가 봤던 걸 응용했습니다. 평륜에 인형을 놓고 톱니바퀴로 위로 올리는 방식을 취한 거죠. 아까 통 안으로 떨어진 작은 쇠구슬이 큰 쇠구슬을 건드리고, 그게 인형의 팔과 연결된 횡목의 한쪽 끝을 누릅니다. 그러면 반대쪽이 올라가는데, 그것이 바로 인형의 팔과 연결되어 있는 겁니다."

장영실이 손짓으로 설명을 하자 이천이 고개를 끄덕거렸다.

"그러니까 쇠구슬이 굴러가서 종도 치고, 팻말을 든 인형도 움직인단 말인가?"

"두 가지를 함께하면 시각을 헷갈리거나 잘못 보는 것을 줄일 수 있으니까요."

"하긴, 눈이 있다면 틀리게 볼 일이 없겠지. 그럼 매 시각마다 인형들이 바뀌는 건가?"

"네, 종을 치면 인형이 바뀝니다."

"그럼 저 위에 북과 징을 치는 인형들은 뭔가?"

이천이 손으로 가리키면서 묻자 장영실이 조순생에게 눈짓을 했다. 조순생이 파수호와 연결된 물 항아리의 마개를 열자 안에 담긴 물이 수수호 역할을 하는 또 다른 청동 원형통으로 쏟아져 들어갔다. 잣대가 솟아오르면서 아까처럼 쇠구슬을 구리통 안으로 떨어뜨렸다. 뭔가에 걸리면서 떨어지는 소리가 들렸다. 그리고 아까처럼 나무인형이 팔을 들어서 힘껏 북을 쳤다.

"야간에는 시간을 더 정밀하게 측정해야 하므로 경과 점을 따로 알릴 수 있게 했습니다.* 북은 한 경이 될 때마다 울립니다."

"그럼 점은 징을 울리는 것으로 표시하는 건가?"

장영실이 고개를 끄덕거렸다. 잠시 기다리자 이번에도 나무인형이 팔을 들어서 징을 한 번 쳤다.

"낮과 밤 모두 이 물시계로 측정이 가능합니다."

입을 다물지 못하던 이천이 고개를 뒤로 돌려서 그를 따라온 겸인을 바라봤다. 그러자 겸인이 푹 눌러쓰고 있던 발립을 천천히 벗었다. 겸인의 얼굴을 본 장영실은 깜짝 놀라서 바닥에 엎드렸다.

"전하!"

놀란 조순생과 임춘발도 바닥에 엎드렸다. 발립을 벗은 임금이 말했다.

"소식을 듣고 너무 궁금해서 변복을 하고 왔느니라."

임금은 장영실이 만든 물시계를 한참 바라봤다.

"과인이 물시계를 만들라고 명하였지만, 이 정도로 대단한 것을 만들 줄은 차마 몰랐느니라."

---

* 경점법(更點法)이라고 부르는 이 방식은 밤을 5경으로 나누고 각 경을 다시 5점으로 나눴다.

"과찬이시옵니다, 전하. 그저 얄팍한 재주를 부렸을 뿐입니다."

"듣기로는 원나라 순제 때 스스로 움직이는 물시계가 있다고 들었도다. 하지만 이보다 더 정교하지는 못할 것이다. 이 물시계는 스스로 움직이면서 시각을 맞추고 있으니 마땅히 자격루(自擊漏)라고 부르겠노라. 그리고 공조참판은 자격루를 최대한 빨리 보루각으로 옮겨 놓도록 하게."

"명을 받들겠나이다, 전하."

노
비
신분에서
벗어나다

근정전 옥좌에 앉은 임금이 고개를 조아린 영의정 황희와 좌의정 맹사성에게 말했다.

"장영실은 아비가 원나라 소항주 사람이고 어미가 기생이었다. 하지만 손재주가 뛰어나고 정밀하여 과인이 몹시 아끼는 인재이기도 하다. 임시로 상의원에 속하게 해서 일을 시켰는데 날이 갈수록 실력이 높아졌다. 그러다 이번에 자격루를 만들었으니 비록 과인의 뜻을 따른 것이지만 실제로 만들어 낸 것은 장영실이 아니었다면 불가능했을 것이다. 원나라 순제 때에도 스스로 움직이는 물시계가 있었다고는 하지만, 장영실이 만든 자격루에는 미치지 못할 것이다. 자손만대에 전할 귀중한 기물을 만들었으니 과인이 마땅히 포상을 하고자 한다. 경들의 의견은 어떠한가?"

그러자 영의정 황희가 고개를 조아리면서 아뢰었다.

"태종대왕께서 평양의 관노였던 김인의 용맹을 높이 사서 관직

을 내린 적이 있사옵니다. 장영실에게 딱히 관직과 포상을 아낄 이
유가 없사옵니다."

　몇몇 신하들은 못마땅해했지만, 영의정 황희는 전례가 있다는
이유를 들어서 임금의 의견을 따르기로 의견을 정리한 상태였다.
대답을 들은 임금이 흡족한 표정을 지었다.

　"그렇다면 장영실에게 호군(護軍)* 관직을 내려 주도록 하라. 그리
고 그 공이 크니 당사자는 물론, 가족들을 모두 면천시켜 주도록 하
여라."

　"삼가 명을 받들겠사옵니다. 그리고 궁궐 밖 병조를 비롯해서 몇
군데에 징을 걸어 두고 자격루 소리를 듣고 종을 쳐서 시간을 알리
도록 하는 것이 어떻겠사옵니까? 이전에는 종루에 물시계를 두고
금루관이 확인했지만 착오가 적지 않아서 이런저런 문제점들이 많
았사옵니다."**

　"시간은 과인 혼자만의 것이 아니고 백성들 모두의 것이다. 마땅
히 경의 뜻대로 하라."

　싸리문을 박차고 들어간 장영실은 물레를 돌리던 어머니를 불렀다.

---

* 조선 초기 5위에 속한 정4품 무관
** 세종 19년(1437) 6월 28일자 실록 기사에서 확인할 수 있다.

"어머니!"

흥분한 아들의 모습을 보고 심상치 않다고 느낀 어머니가 하던 일을 멈췄다.

"무슨 일이냐?"

그러자 장영실은 손에 들고 있던 직첩(職牒)을 흔들었다.

"임금님께서 호군 직책을 내려 주셨습니다. 면천도 시켜 주셨어요. 이제 우리는 노비가 아니에요."

"뭐라고, 이게 꿈이냐? 생시냐!"

두 사람이 떠드는 소리에 부엌에 있던 분이도 밖으로 나왔다.

"그게 무슨 소리야? 정말 면천이 된 거야?"

"그렇고말고. 이제 우리 아들은 노비가 아니야."

장영실의 얘기를 들은 분이가 왈칵 울면서 주저앉았다. 어머니도 눈시울을 붉히면서 말했다.

"살다 보니 이런 날도 있구나. 내가 아들을 잘 둔 덕분에 팔자를 바꾸나 보구나."

서로 끌어안은 세 사람이 눈물을 쏟자 뒷마당에서 놀던 장영실의 아들 역시 영문도 모른 채 눈물을 터트리고 말았다.

사정전에서 책을 들여다보던 임금이 이천의 보고를 받고는 얼굴을 찌푸렸다.

"그자가 또 사신으로 온단 말이냐?"

"그러하옵니다."

"뭔가 낌새를 챈 것인가?"

"아직 확실한 것은 모르겠사옵니다. 하지만 보루각에 있는 자격루에 관한 소문을 듣거나 탐문했을 가능성이 있습니다."

"몇 년 동안 잘 숨겨 왔건만……."

임금은 말을 잇지 못했다. 몇 년 전 완성된 자격루는 의표창제에 가장 중요한 방점을 찍었다. 역법이나 천문을 제대로 하려면 정확한 시간을 알아내는 게 우선이었기 때문이다. 자격루가 만들어진 이후 간의는 물론, 독자적인 역법에 대한 결과물들이 나오기 시작했다. 가장 중요한 시점에 껄끄럽게 생각하는 자가 사신으로 오는 것이다. 잠시 고민에 빠져 있던 임금이 물었다.

"장영실은 지금 뭘 하고 있는가?"

"서운관 판사 이순지 대감과 함께 혼천의(渾天儀)*를 제작하였고, 흠경각에 들어갈 옥루(玉漏)**의 제작을 마무리하는 중입니다."

"그 혼천의를 바탕으로 대간의(大簡儀)***를 만들면 의표창제도 마무리가 되는 것이지?"

---

* 혼의라고도 부르는 천문 관측기구. 목재로 만들었다가 청동으로 만들었으며, 별의 움직임을 표시하고자 지구의처럼 만들었다.
** 세종 20년(1438)에 완성된 자동 물시계. 종이로 만든 산에 태양과 선녀 등을 설치했다고 하며, 자격루의 원리에 미적인 감각을 결합해서 만든 왕 전용 물시계로 추정된다.
*** 세종 20년(1438)에 완성된 천체 관측기구. 혼천의를 간소화해서 별의 움직임을 관측하는 데 사용했으며, 경회루 북쪽에 있는 간의대에 설치해서 이용했다.

"그렇사옵니다."

"그자가 한양에 도착하려면 시간이 걸릴 것이니 최대한 빨리 서두르라고 하게."

"알겠사옵니다."

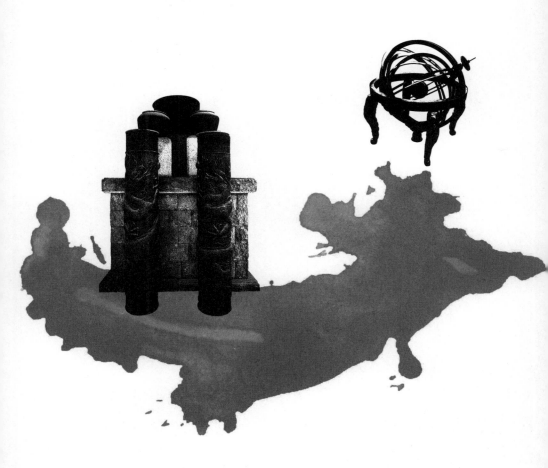

蔣英實

▪앙부일구仰釜日晷

세종 16년(1434), 장영실 등이 제작한 해시계. 해의 그림자 길이를 보고 절기와 시간을 알수 있다. 세종대왕은 이를 종로 혜정교에 설치하게 하여 모든 백성이 스스로 시간을 알게끔하였다. 임진왜란 때 유실되었으며, 현재 남은 것은 17세기 후반에 만들어진 것이다. 보물제845호로 지정되었으며, 현재 국립고궁박물관에서 관리하고 있다.

제4장

위대한 발걸음을 내딛다

세상의 시간을 담아내다

명나라 사신 이원빈

아버지와 아들

백성을 위한 시간

세상의 시간을 담아내다

이천은 곧장 경회루 동쪽에 지어진 흠경각으로 향했다. 문을 열고 들어서자 한참 옥루를 살피던 장영실이 반가운 얼굴로 맞이했다. 자격루가 기능에 무게를 두었다면, 옥루는 임금 전용 물시계답게 화려하고 의미 있는 모습으로 만들어졌다.

　먼저 풀 먹인 종이로 만든 7척 높이의 웅장한 산이 중심이었다. 채색이 되어 있으며, 산 중턱에는 솜과 종이로 구름까지 묘사했다. 중간중간 나무를 깎아서 만든 사람과 동물을 가져다 놨는데, 자세히 보면 계절별로 다르게 꾸며져 아름답기 그지없었다. 산 둘레에는 12지신상이 누워 있고, 한쪽에 만들어 놓은 높은 무대에는 붉은 옷을 입은 인형이 서 있다. 사방에는 종과 징, 북을 치는 무사 차림의 인형이 서 있었다. 하나씩 살펴보는데 옥루 뒤에 있던 장영실이 고개를 내밀고 활짝 웃었다.

　"어서 오십시오. 대감마님."

"고생이 많네."

"뭘요. 전하께서 품계를 올려주셔서 대호군(大護軍)*이 되었으니 더 열심히 일해야죠."

언제나 열정적인 장영실의 말에 이천의 무거운 마음이 누그러졌다.

"전하께서도 기뻐하실 것이야. 옥루는 거의 다 완성된 건가?"

"며칠 안에 보여드릴 수 있을 겁니다. 이쪽으로 와 보십시오."

장영실의 손짓에 따라 옥루 뒤편으로 돌아간 이천은 종이로 만든 산에 가려져 있는 복잡한 구조를 보고 입을 다물지 못했다. 뒤편에 낮과 밤을 표시하는 금으로 만든 작은 태양을 움직이는 장치, 산 둘레에 자리 잡은 12지신상을 때맞춰 일으키고 시각이 적힌 패를 든 옥녀를 나오게 하는 평륜이 보였다. 그걸 본 이천이 물었다.

"자격루에 있던 것과 비슷하군."

"신경을 좀 썼습니다. 저기서부터 시작됩니다."

장영실이 고개를 돌려서 뒤편을 바라봤다.

옥루와 기둥에 가려진 곳에는 자격루의 것과 비슷하게 생긴 파수호와 수수호가 보였다. 때마침 시각이 되자 잣대가 쇠구슬을 하나 떨어뜨렸다. 구리통 안에 떨어진 쇠구슬은 길게 이어 붙은 홈통을 따라 옥루 쪽으로 굴러 왔다. 그러더니 홈통 끝에 있는 숟가락처럼 생긴 기기를 건드려 더 큰 구슬이 아래로 떨어지게 했다. 그

---

* 5위에 속한 종3품의 무관

러면서 횡목이 움직이고 평륜이 돌더니 누워 있던 양 모양의 신상이 벌떡 일어나고, 그 뒤에 있던 구멍이 열리면서 미시(未時)라는 팻말을 든 옥녀가 나타났다. 방위까지 맞춘 것을 안 이천이 감탄사를 날렸다.

"자격루보다 정교해졌군."

"자격루는 처음 만드는 거라 기능에 집중했다면, 여기에는 세상을 담아 보려고 했습니다."

"그러고 보니 산에 사계절을 나타냈더군."

"전하께서 말씀하셨습니다. 궁 밖으로 직접 거둥하시어 세상을 살펴보는 게 좋지만 그러려면 적지 않은 비용이 소모된다고 말이죠. 그러니까 이 안에서 세상을 볼 수 있는 물시계를 만들라 하셨습니다."

"세상이 담긴 물시계라……."

"이제 거의 다 완성되었습니다. 저기 태양이 뜨고 내리는 것만 손을 보면 됩니다."

"제대로 작동되고 있지 않은가? 지난번에 낮에 뜨고 밤이 되면 산속으로 들어가는 걸 봤네."

이천의 물음에 장영실은 태양을 뜨고 내리게 하는 톱니바퀴 쪽으로 갔다. 쇠구슬이 굴러 오면 횡목이 움직여 톱니바퀴를 돌리고, 그 톱니바퀴에 달린 금으로 만든 작은 태양이 같이 움직이게 되어 있었다.

그런데 며칠 만에 보니 못 보던 게 달려 있었다. 어딘가 낯익은 것이라 이천이 아는 척을 했다.

"이건 어디서 본 거 같은데?"

"역시 눈썰미가 좋으시군요. 혼천의에 있는 황도단환(黃道單環)*을 옥루에 맞게 살짝 손본 겁니다."

"이걸 태양을 움직이는 톱니바퀴에 연결한 건가?"

"그렇게 하면 절기마다 태양의 고도와 뜨는 시각이 바뀌는 걸 표시할 수 있습니다."

설마 했던 이천은 장영실의 설명을 듣고 고개를 절레절레 흔들었다.

"자네의 재능은 참으로 끝이 안 보이는군."

"과찬이십니다. 이제 옥루 만드는 걸 마무리 짓고 대간의 만드는 것까지 끝내면 주상 전하의 의표창제도 마무리되는 것이겠죠?"

"그렇다네. 자네가 아니었다면 이뤄지지 않았을 일들이야."

"과찬이십니다."

활짝 웃는 장영실을 본 이천의 마음은 다시 무거워졌다. 어쩌면 예전 일이 반복될지도 모른다는 생각이 든 것이다. 그런 이천에게 장영실이 물었다.

"그런데 여긴 어쩐 일이십니까?"

"아! 명나라에서 사신이 온다는 소식이 전해졌네. 그들이 한양에 머무는 동안은 당분간 작업을 중단하라는 어명일세."

"알겠습니다. 오랜만에 집에 들어가서 아들 녀석 재롱이나 봐야겠습니다."

"그리하게."

"참, 저도 부탁드릴 게 있습니다."

"뭔가?"

이천의 물음에 장영실은 흠경각 한쪽에 놓인 앙부일구(仰釜日晷)^{**}를 가리켰다.

"저 해시계를 백성들이 많이 다니는 곳에 놓아두었으면 합니다."

"길거리에 말인가?"

"그렇습니다. 자격루가 울리면 종을 쳐서 시간을 알려 준다고는 하지만 백성들이 제대로 듣지 못하는 경우가 많습니다. 길거리에 이 해시계를 두면 오가는 백성들이 편하게 시간과 절기를 알 수 있지 않겠습니까?"

"그렇긴 하겠군."

일단 대답을 하긴 했지만 사람들이 많이 오가는 곳에 갖다 놨다가 없어질지도 모른다는 생각이 들었다. 그런 이천의 속마음을 꿰뚫어 보기라도 했는지 장영실이 활짝 웃었다.

"아무도 건드리지 않을 겁니다. 그리고 모두에게 시간을 알려 주고 싶다는 주상 전하의 뜻에도 맞지 않겠습니까?"

"알겠네. 전하께 아뢰겠네."

"감사합니다."

---

* 혼천의에서 태양의 움직임을 표시하는 원반
** 장영실 등이 만든 해시계. 오목한 그릇 한쪽에 침이 세워진 형태로 만들어졌다.

"잘 마무리해 주게."

장영실을 뒤로 한 채 이천이 흠경각 밖으로 나왔다. 그사이에 날씨가 변했는지 하늘에 먹구름이 잔뜩 끼었다.

비가 내리자 도롱이를 쓰고 집으로 돌아온 장영실은 아들 용준이가 뜰에서 측우기(測雨器)*를 갖고 놀고 있는 것을 봤다. 분이는 대청에서 어머니와 함께 다듬이질을 하던 중이었다.

"오늘은 일찍 왔네?"

"일이 빨리 끝나서 말이야."

도롱이를 벗고 대청에 걸터앉은 장영실은 저고리에 묻은 빗물을 털어 냈다. 그러자 다듬이질을 멈춘 어머니가 뜰에 있는 측우기를 가리키면서 물었다.

"저건 뭔데 비가 오면 뜰에 내놓으라고 한 게냐?"

"비가 얼마나 오는지 알아보는 거예요."

"저걸로?"

"그전에는 비가 오면 관아의 뜰을 호미로 파서 얼마나 왔는지 깊이를 쟀잖아요."

장영실의 말에 어머니가 고개를 끄덕거렸다.

---

* 세종 때 만들어진 수량 측정기기. 세종의 아들인 문종의 건의로 만들어졌다고 전해진다.

"그랬지."

"그런데 그렇게 하면 흙의 상태나 보는 눈에 따라서 얼마나 비가 왔는지 정확하게 알 수 없잖아요. 그래서 저렇게 빗물을 받을 수 있는 통을 만들어 놓고 자로 재려고 만든 거예요. 저러면 비가 얼마나 왔는지 정확하게 잴 수 있으니까요."

"그럼 저런 걸 만들어서 사방에 둔다는 거냐?"

"네. 같은 규격으로 만들어서 지방 관아에 하나씩 보내면 거기서 저걸로 측정하고 조정에 보고하게 만들려고요."

"참, 세상이 좋아지는구나."

어머니의 감탄사에 장영실이 측우기를 바라보면서 흐뭇하게 웃었다.

명나라 사신 이원빈

한양에 도착한 명나라 사신을 위한 하마연(下馬宴)이 태평관에서 열렸다. 뜰에 차려진 장막 북쪽에는 임금이 앉았고, 동쪽에는 명나라 사신 이원빈이 앉았다. 먼저 명나라 황제의 조칙을 받는 절차가 진행되었고, 이후에는 차를 마시는 다례가 이어졌다.

임금이 먼저 입을 열었다.

"먼 길을 오느라 노고가 많았네."

원래 조선 사람이었던 이원빈은 통역을 통하지 않고 조선말로 대답했다.

"전하의 은혜를 받아서 아무런 어려움 없이 잘 왔습니다."

"그렇다면 참으로 다행이네."

"오는 중간중간 관리들을 보내 잔치를 베풀어 주시고 돌봐 주셔서 참으로 감사합니다."

"과인이 부족한 몸으로 왕위에 올랐는데 황제 폐하의 은혜를 받아 이토록 편안하게 왕위에 있을 수 있었네. 황제 폐하께 깊이 감사하는 마음을 전해 주게."

"그리하겠습니다."

의례적인 이야기가 오고 가는 사이 장악원 악공이 음악을 연주하기 시작했다. 그에 맞춰 아리따운 기생이 나와서 춤을 추었다. 말 없이 기생의 춤을 바라보던 이원빈이 불쑥 말했다.

"소신이 나이가 들어서 그런지 몸이 많이 안 좋습니다. 송구스럽지만 익일연(翼日宴)은 취소해 주시고, 상마연(上馬宴)만 거행해 주셨으면 합니다."

"그리하겠네. 몸이 많이 안 좋은가?"

"조금 쉬면 괜찮아질 겁니다. 그리고 상마연은 경회루에서 베풀어 주셨으면 합니다."

"경회루라……. 어려울 건 없지만 가을이라 바람이 찬데 괜찮겠는가?"

"그곳 풍광이 기억에 남아서 말입니다. 저도 나이가 있고, 이제 명나라로 돌아가면 또 언제 올지 몰라서 그러하옵니다."

정중하지만 거절하지 못하게 하는 이원빈의 말에 임금은 그리하겠노라고 고개를 끄덕였다. 그러자 이원빈은 몸이 안 좋다면서 하마연을 일찍 파할 것을 청하고 자리를 떴다. 태평관에서 돌아오는 길에 임금이 이천을 불렀다.

"아무래도 수상쩍네. 사람을 풀어서 태평관 주변을 물샐틈없이 경계하도록 하게."

"알겠습니다."

"저자의 친척들은?"

"어제 한양에 도착했습니다. 내일 태평관으로 들여보내서 만나게 할 예정입니다."

"일단 보루각과 흠경각을 닫고 자물쇠를 채우게. 그리고 간의대 위의 기기들도 치워 놓도록 하고."

"예."

화포제조소에서 일하던 황대만은 장영실이 보이자 아는 척을 했다.

"영실이 왔는가?"

"네. 주실 게 있다고 해서 왔습니다."

"이쪽으로 와 보게."

황대만은 장영실을 구석으로 불러서 벽에 세워진 것을 가리켰다.

"저걸 가져가라고 불렀네."

"뭡니까?"

"총통을 만드는 김에 측우기도 만들어 봤네. 지난번 것보다는 훨씬 정밀할 것이네."

"바쁘실 텐데 신경 써 주셔서 감사합니다."

장영실은 새로 만든 측우기의 원통을 집어 들었다. 황대만의 말대로 훨씬 정밀하고 깔끔하여 측정하기에 한결 편해 보였다.

"써 보고 마음에 들면 얘기하게. 몇 개 더 만들어 줄 수 있네."

"매번 신세를 지네요. 언제 집에 저녁 드시러 오십시오."

"그러겠네."

"매번 알겠다고 하시고 안 오셨잖아요. 이번에는 꼭 오십시오. 어머니도 뵙고 싶어 하십니다."

"그러겠네. 아무튼 나랏일을 하느라 고생이 많네."

"덕분에 면천도 되고, 관직도 얻었으니까요. 감사합니다, 어르신."

"관리가 되었으면 체통을 차리게. 나 같은 하찮은 장인에게 높임말 쓰지 말고 말이야."

"그럴 수는 없지요. 감사합니다. 써 보고 알려드릴게요."

몇 번이나 고맙다는 말을 한 장영실이 측우기 원통을 들고 돌아가자 황대만은 참았던 한숨을 내쉬었다. 집으로 밥을 먹으러 오라는 얘기에 하마터면 고개를 끄덕일 뻔했기 때문이다. 아쉬움과 회한이 담긴 눈길을 돌린 황대만은 군기감을 나서서 집으로 향했다.

모전교 너머에 있는 집에 도착한 황대만은 집 안에 누군가 있다는 느낌을 받고 흠칫 놀랐다. 천천히 돌아서 나가려고 하는데, 이미 싸리문 앞을 어떤 그림자가 가로막고 있는 게 보였다.

"누구요?"

"테칸토무르를 만나러 멀리서 온 사람이네."

오랜만에 원래 이름을 들은 황대만은 정신을 차릴 수 없었다. 하지만 이내 애써 태연한 척했다.

"그 사람이 누군지 모르지만 여긴 없소이다."

"그럼 장성휘라고 불러 주지. 어차피 그 이름으로 더 오래 살았으니까 말이야."

냉랭한 상대방의 말에 황대만은 모골이 송연해졌다. 누구도 이렇게 과거를 깊숙하게 파고 들어온 적이 없었기 때문이다. 불안감에 못 이긴 황대만이 버럭 소리를 질렀다.

"네놈은 대체 누구냐?"

그러자 싸리문을 막고 있던 그림자가 그의 앞으로 걸어왔다. 평범한 외모와 복장이었지만 눈빛은 보통이 아니었다.

"나는 명나라 황제의 사신인 환관 이원빈이라고 하네."

품에서 어패를 꺼내 보여 준 이원빈이 그의 앞에 섰다.

"조용히 얘기를 나누고 싶어서 찾아왔네."

주저하던 황대만은 안방을 가리켰다. 앞장선 이원빈이 방으로 들어가서는 한쪽에 자리를 잡고 앉았다. 뒤따라 들어온 황대만이 문을 닫고 앉자 방을 쓱 살펴본 이원빈이 눈살을 찌푸렸다.

"당장이라도 무너질 것 같군. 게다가 냄새도 심하고 말이야."

"그럭저럭 지낼 만하오."

황대만의 대답에 이원빈이 피식 웃었다.

"이런 대접을 받으려고 고국을 떠난 건 아니지 않은가?"

"무슨 얘긴지 도통 모르겠소이다."

"본명 테칸토무르. 원나라 항주 출신으로 화약과 총통 제조의 달인으로 이름을 떨쳤다네. 그러다가 조선이 세워진 직후 수십 명의 동료 기술자들과 함께 바다를 건너 고려로 왔지. 군기감에서 일하면서 총통과 화약을 만드는 데 일조했다가 명나라에서 넘어간 기술자들을 송환하라고 요구하자 이름을 바꾸고 잠적했지. 그리고 잠잠해지니까 다시 군기감으로 돌아와서 지금에 이르렀고 말이야."

이원빈의 얘기를 들은 황대만은 아무 대답도 할 수 없었다. 이원빈이 헛기침과 함께 말을 이어 갔다.

"물론 이해하네. 태어나자마자 조국인 원나라가 없어지고 우리 명나라가 들어서면서 자네 같은 원나라 출신은 냉대를 받았으니까 말이야. 하지만 자네가 가진 기술로 조선이 딴마음을 품는 건 곤란하네."

"딴마음을 품다니? 조선은 늘 명나라를 섬겼네."

황대만의 반박에 이원빈이 활짝 웃었다.

"조선은 겉으로는 정성을 다하는 것처럼 보이지만, 속으로는 늘 딴마음을 품고 있네. 정난의 변(靖難之變)* 때 일어난 만산군(漫散軍)** 문제나 요동 야인들 처리 문제도 있고, 조선은 늘 딴마음을 먹고 있다네."

---

* 연왕 주체가 조카인 건문제에게 저항하여 일으킨 정변. 4년간의 내전 끝에 주체가 승리하면서 황제로 즉위했으니, 그가 바로 영락제다.
** 고려 말 호바투의 침입 때 잡혀 간 백성 중 정난의 변으로 명나라가 혼란한 틈을 타서 조선으로 돌아온 이들을 지칭한다. 정난의 변에서 승리한 영락제의 요구로 대부분 명나라로 송환되었지만, 남은 이들의 송환 문제를 놓고 조선과 명나라가 갈등을 일으켰다.

"그것만 가지고 조선이 딴마음을 품었다고 모함하지 마시구려. 보아 하니 조선 사람인 거 같은데 어째서 조국을 핍박하려고 드는 게요?"

"내가 조선 사람이었던 건 맞네. 하지만 개는 주인에게만 충성을 바치면 그만이지 어디서 태어났는지 따질 필요는 없지 않은가? 거기다 이 빌어먹을 놈의 나라는 나에게 해 준 게 없어. 있다면 찢어지게 가난해서 눈앞에서 부모와 형제들이 굶어 죽어야만 했다는 고통뿐이지."

"어찌 되었건, 말도 안 되는 소리 하지 말고 냉큼 명나라로 돌아가시구려."

"오랫동안 단서를 잡으려고 노력했지만 좀처럼 꼬리를 잡을 수 없었지. 나랑 비슷한 처지였던 수양아버지가 이십 년 전에 자네를 비롯해서 조선으로 넘어온 기술자들의 명단을 확보했지만 결국 뇌물 공세에 넘어가고 말았네. 하지만 나는 다를 걸세."

차가우면서도 한없이 깊은 이원빈의 말에 황대만은 한 발짝 물러났다.

"어차피 다 옛날 일 아니겠소? 당신 지위라면 평생 호의호식하면서 지낼 수 있을 터이잖소."

"맞소. 배불리 먹을 수 있지. 그래서 더 옛날 생각이 나네. 마침 내가 조선 출신이라 이쪽 일을 잘 안다고 중책을 맡겨 줬으니 이 기회를 놓치기도 싫고 말이야. 거기다 개인적인 원한도 생겨서 물러설 수가 없네."

"그래서 뭘 어쩌시겠다는 말이오? 나와 같이 건너왔던 자들은 이미 병들었거나 늙어서 죽은 지 오래요."

"조선 임금이 칠정산(七政算)이라고 부르는 독자적인 역법을 만들었다는 얘기를 들었다네. 아울러 간의대를 세워서 밤하늘의 별을 관찰하고, 전각을 지어 신묘한 물시계와 해시계를 두었다는 것도 알고 있소. 이것이야말로 조선 임금이 부덕한 마음을 품고 있다는 물증이 아니겠는가?"

"난 모르는 일이외다."

"물론 그렇겠지."

"그런데 그 얘기를 왜 나에게 하는 것이오?"

"자네에게 기회를 주기 위함일세. 나와 같이 명나라로 돌아가서 자네가 조선으로 건너가게 된 과정과 그 이후의 일들을 자세히 고해 주게. 그렇게만 해 준다면……."

잠시 말을 끊은 이원빈이 어두컴컴한 방 안을 둘러보고는 덧붙였다.

"여생을 편히 먹고살 수 있게 해 주겠네."

"비록 원나라 사람으로 태어났으나 이제는 몸과 마음 모두 조선 사람이외다. 어찌 나라에 해가 되는 일을 할 수 있겠소? 못하겠으니 돌아가시오."

"어차피 자네는 명나라로 돌아오게 될 것이네. 내가 황제께 고해서 송환을 요구하면 버티지 못할 테니까."

"난 조선을 떠날 생각이 없소이다."

"나도 그랬소. 죽으나 사나 내 나라 내 땅에서 죽겠다고 마음먹었지. 그래서 명나라에서 환관을 보내라고 요구했을 때 끌려가게 되자 혀를 깨물고 죽고만 싶었소. 하지만 말이네, 도착한 첫날 차려진 밥상을 보고 마음을 바꿨지. 태어나서 그렇게 배불리 먹어 본 것은 처음이거든. 다음 날도, 그다음 날도 그렇게 밥을 먹고 나니 조선이라는 나라가 참으로 가소로워졌소. 내 배조차 채워 주지 못하고 가족들을 몽땅 굶겨 죽인 나라에 불과했다는 걸 깨달았던 것이지."

"내가 느낀 것과는 정반대로군. 난 이 나라에 와서 따뜻한 정과 마음을 느꼈소. 그래서 이런 낡은 집에서 사는 게 부끄럽거나 후회가 되지 않소. 우리의 길이 서로 엇갈렸나 보오."

"말했듯이 나는 조선 임금이 딴마음을 품었다는 증거를 찾아서 돌아가야만 하오. 그러니 날 도와주시구려. 어차피 조선은 당신을 지켜 줄 수 없다는 거 알고 있지 않소?"

핵심을 찌른 말에 황대만은 아무 대답도 할 수 없었다. 버틴다고 해도 끌려갈 수밖에 없다는 건 너무나 명백했다. 황대만이 침묵을 지키자 이원빈이 은근한 말투로 설득했다.

"그러니 좋은 말로 할 때 나를 도우시오. 그럼 남은 평생 걱정하지 않고 살 수 있게 챙겨드리리다."

말을 마친 이원빈은 몸을 일으켜서 밖으로 나갔다. 홀로 남은 황대만은 눈을 감은 채 한숨을 쉬었다. 밖으로 나간 이원빈이 그에게 말했다.

"내 부하 하나가 당신 곁에 있을 거요. 그러니 딴마음은 품지 않는 게 좋을 거요."

경회루 주변에서는 상마연 준비가 한창이었다. 옆에 세워진 조찬소(造饌所)에서는 궁궐의 음식을 담당하는 사옹원(司饔院) 숙수(熟手)들이 음식을 만드는 중이었다.

이천은 바쁘게 움직이는 숙수들을 지나 경회루 2층으로 올라갔다. 미리 기다리고 있던 임금이 그를 맞이했다.

"전하, 명나라 사신 이원빈이 며칠 전에 태평관을 몰래 빠져나갔던 거 같습니다."

"그게 사실이냐?"

"예. 태평관 안으로 들어온 친척과 옷을 바꿔 입고 밖으로 나갔던 모양입니다. 지켜보던 자들이 많았으나 거기까지는 미처 살피지 못한 거 같습니다."

"영악한 자로구나. 밖에서의 행적은 확인해 봤느냐?"

"밤중에 나간 터라 한양 밖을 빠져나가지는 못했을 것입니다."

"그렇다면 한양 안에서 뭔가를 탐문했거나 누구를 만났겠군."

"그런 것 같사옵니다."

이천의 말을 들은 임금이 곰곰이 생각하다가 입을 열었다.

"알아보려고 했다면 분명 의표창제에 관련되어 있거나 칠정산이겠지."

"소신도 그렇게 생각하옵니다. 그리고 이원빈을 만나러 온 친척들을 조사하였사온데 미심쩍은 점을 찾았습니다."

임금이 말해 보라는 눈빛을 보내자 이천이 얘기를 이어 갔다.

"수년 전에 전하께서 명을 내리시어 전국의 솜씨 좋은 장인들을 불러올렸던 것을 기억하시옵니까?"

"기억하다마다. 그때 뽑힌 것이 대호군 아니더냐."

"맞사옵니다. 당시 한양에 올라온 장인들 중에 홍만덕이라는 자가 있었사온데, 훗날 조사를 해 본 결과 가짜로 밝혀졌습니다."

"가짜라니?"

"같은 지역에 사는 이만식이라는 무뢰한이 뇌물을 써서 홍만덕 대신 한양에 올라왔던 겁니다."

"홍만덕이라면 개천에 빠져 죽은 자로 기억하느니라."

이천은 임금의 비상한 기억력에 감탄했다.

"그렇습니다. 죽은 홍만덕의 시신을 수습하면서 가짜라는 사실을 알게 되었던 것입니다."

"그자는 왜 가짜 노릇을 했단 말이냐?"

"주변에 탐문한 결과 한양에 올라가 보고 싶어서 그랬다고 하옵니다. 하지만 그런 것치고는 돈도 없으면서 지나치게 뇌물을 많이 써서 미심쩍었습니다. 하지만 당사자가 죽는 바람에 더 이상 조사를 진행할 수 없었사옵니다."

설명을 들은 임금이 물었다.

"그런데 그것이 이번 일과 어떤 연관이 있단 말이냐?"

"며칠 전 태평관에서 이원빈을 만난 친척 중에 가짜 홍만덕이었던 이만식의 형제가 끼어 있었습니다."

"뭐라고? 그럼 이원빈과 이만식이 친척이었다는 말이냐?"

"그런 걸로 확인되었습니다."

임금의 표정이 일순간 어두워졌다. 사실 이만식과 이원빈의 관계를 확인한 이천도 마찬가지 심정이었다. 이원빈이 오랫동안 주목하고 있었다는 사실은 몰랐기 때문이다. 이천이 조심스럽게 덧붙였다.

"단순히 한양 구경을 하려던 게 아니라 염탐하기 위해서였다면 배후에 이원빈이 있었던 듯합니다."

"이만식은 어떻게 죽었느냐?"

임금의 물음에 이천은 고개를 조아렸다.

"수상쩍은 행색을 보여서 그날 붙잡아다 조사를 했는데 그만······."

다급해서 시신을 개천에 버린 게 하필이면 오작인으로 일했던 장영실의 눈에 띄는 바람에 일이 크게 번질 뻔했다. 다행히 장영실이 곧바로 명나라로 떠나는 바람에 묻을 수 있었다. 당시 일을 떠올리던 이천에게 임금이 입을 열었다.

"어찌 되었건, 오늘 상마연을 마치고 내일 한양을 떠나면 이원빈도 더 이상 손을 쓸 수 없을 것이다."

"신도 그리 생각하옵니다."

"일단 상마연을 잘 마치는 데 힘을 써야겠노라. 경은 이원빈이 태평관 밖에서 뭘 했는지를 알아보도록 하라."

"예. 전하."

고개를 숙이며 대답한 이천은 서둘러 경회루 아래로 내려갔다. 임금과 얘기를 나누면서 이원빈이 한양에서 가 볼 만한 곳이 떠올랐기 때문이다.

아버지와 아들

"어디 가?"

싸리문 밖을 나서던 장영실은 등 뒤에서 분이가 부르는 목소리에 고개를 돌렸다.

"군기감 대만 아저씨 좀 만나고 올게. 측우기 때문에 부탁할 게 있어서."

"그럼 올 때 그분 좀 모시고 와. 계속 식사를 대접하고 싶어 했잖아."

"알았어. 꼭 같이 올게."

싸리문을 닫은 장영실은 군기감 쪽으로 발걸음을 옮겼다. 엎어지면 코가 닿을 곳이라 금방 도착했지만, 대만 아저씨는 보이지 않았다. 함께 일하던 화포제조소의 장인은 바빠 죽겠는데 말도 없이 안 나왔다면서 신경질을 냈다. 걱정이 된 장영실은 황대만의 집으로 향했다.

황대만은 불을 활활 지핀 아궁이를 힘없이 응시했다. 이원빈이 남겨 놓은 부하는 그가 건넨 술을 마시고 곯아떨어지자 재갈을 물리고 결박해 측간으로 밀어 넣었다.

　한숨을 쉰 황대만은 부뚜막에 올려놓은 보따리를 풀었다. 안에는 그동안 조금씩 모아 놨던 화약이 들어 있었다. 흐르는 눈물을 참지 못하며 황대만은 아궁이에 쑤셔 넣었던 부지깽이를 꺼냈다. 부지깽이의 끝이 붉게 달궈져 있었다. 온종일 고민해 봤지만 이 방법밖에는 없었다. 아들과 부인을 한 번만 보고 갔으면 좋겠지만, 만에 하나 이번 일에 휩쓸릴까 포기하고 말았다. 얼굴도 보지 못한 아들이 잘 자라서 눈앞에 나타났을 때 그는 미안함에 눈도 마주치지 못했다. 당장이라도 내가 네 아버지라고 말하고 싶었지만 꾹 참아야만 했다.

　지나간 세월들을 눈물과 함께 흘려보낸 황대만, 아니 장성휘는 끝이 달궈진 부지깽이를 천천히 화약더미 쪽으로 갖다 댔다. 화약이 터지면 한순간에 끝낼 수 있을 것 같았다. 심호흡을 하고 부지깽이를 화약더미에 힘껏 찔러 넣었다. 바로 그 순간, 부엌 밖에서 낯익은 목소리가 들렸다.

　"아저씨! 여기 계셨네요."

　고개를 돌리자 장영실의 모습이 보였다. 놀란 황대만은 벌떡 몸을 일으켜 부엌 안으로 발을 디딘 아들을 끌어안으면서 소리쳤다.

"안 돼!"

거대한 폭음과 불길이 두 사람을 감쌌다. 충격에 떠밀린 두 사람은 마당까지 튕겨 나가고 말았다. 쓰러진 두 사람의 위로 불붙은 나무들이 떨어졌다.

급한 마음에 초헌을 마다하고 걸어가던 이천은 가까이서 들려오는 폭음에 저도 모르게 발걸음을 멈추었다. 그리고 소리가 들려온 장소가 다름 아닌 황대만의 집이라는 사실을 깨닫고는 황급히 발을 떼었다. 싸리문 밖에서는 폭음에 놀란 이웃 주민들이 웅성대는 중이었다. 마당에서 황대만과 장영실이 폭발 잔해 아래 깔려 있는 것을 본 이천은 주민들을 밀치고 안으로 들어갔다.

"이보게! 괜찮나?"

위에 있던 황대만은 등에 큰 상처를 입었지만, 깔려 있던 장영실은 얼굴이 약간 그을린 것을 빼고는 크게 다치지 않은 것 같았다. 이천이 불길이 피어나는 부엌을 보면서 황망해하고 있는데 장영실이 신음을 내면서 정신을 차렸다.

"대호군! 어찌 된 일인가?"

"저도 모르겠습니다. 대만 아저씨를 보러 왔다가 부엌에서 인기척이 나서 들여다보는데 갑자기 아저씨가 절 끌어안았고, 폭발이 일어났습니다."

위에 있는 황대만의 등에 큰 상처가 난 이유를 알 것 같았다. 아직도 정신을 차리지 못한 황대만을 조심스럽게 들어서 방에 눕힌 이천은 구경 중이던 주민 한 명에게 자신의 집으로 가서 겸인과 의원을 데려오라고 시켰다. 방에 눕힐 즈음 황대만이 정신을 차렸다.

"아저씨! 괜찮으세요?"

곁에서 지켜보던 이천은 황대만의 처연한 눈빛을 보고는 조용히 입을 열었다.

"아저씨가 아니고 아버님이시다."

이천의 얘기에 장영실은 흡사 벼락에라도 맞은 것 같은 표정을 지었다.

"그, 그게 무슨 말씀이십니까? 아버지라니요?"

"자네 아버지가 맞네. 사정이 있어서 그동안 발설을 못했네만, 이제 숨길 필요가 없게 된 것 같구먼."

"어머니는 아버지가 돌아가셨다고 하셨습니다."

"자네 어머니도 그렇게 알고 있어야만 했네. 죽은 것처럼 세상에서 자취를 감추고 다른 이름으로 살아왔으니까 말이야."

차분한 이천의 설명이 끝나자 황대만이 손을 뻗어서 장영실의 손을 잡았다.

"미안하구나. 아들아, 용서해다오."

"요, 용서라니요. 아버님."

말을 잇지 못한 장영실은 아버지를 꼭 끌어안고 울음을 터트렸다. 그런 아들의 품에 안겨 숨을 헐떡거리던 황대만이 이천에게 힘겹게 말했다.

"밤에 이원빈이 찾아왔습니다. 다 알고 있다면서 자기와 함께 명나라로 돌아가자고 했습니다. 만약 제가 돌아가게 된다면 조선에 크나큰 누가 될 것이 틀림없기에 스스로 목숨을 끊고자 했습니다."

"어찌 그런 마음을 먹었는가? 아들한테 부모 대접을 받는 게 소원이라고 했던 건 잊어버렸는가?"

"그래도 하마터면 자식놈과 같이 저승에 갈 뻔했는데 참으로 다행입니다. 그자는 본래 조선 사람이면서도 이 나라에 대한 증오심이 대단했사옵니다. 임금님께서 역법을 따로 갖추는 것을 알고 있다면서 꼬투리를 잡겠다고 했습니다."

"꼬투리? 맙소사."

상마연이 열리는 경회루 근처에는 간의대와 흠경각, 자격루가 있는 보루각이 있었다. 이원빈이 그걸 알고서 상마연을 경회루에서 베풀어 달라고 했을지 모른다는 생각이 들었다. 벌떡 일어난 이천이 문을 열고 밖을 바라봤다.

"젠장! 연회가 시작되었겠군."

"그게 무슨 소리입니까, 나리?"

아버지를 돌보던 장영실의 물음에 이천이 다급하게 말했다.

"자네 아버지를 궁지로 몰아넣은 명나라 사신 이원빈이 상마연을 경회루에서 열어 달라고 임금께 요청했네."

"명나라에서 의표창제를 알게 된다면 큰일 아닙니까?"

"그래서 신하들에게도 비밀로 했던 것일세. 나는 궁궐로 갈 테니

자넨 여기서 아버지를 돌보게."

그때 싸리문 너머에서 겸인이 의원과 하인 몇을 데리고 들어서는 게 보였다. 겸인에게 간단히 지시를 내린 이천은 곧장 궁궐로 갈 차비를 했다. 그 광경을 지켜보던 황대만이 장영실에게 말했다.

"너, 너도 가 보아라."

"아버지를 두고 갈 수는 없습니다."

"돌봐 줄 사람이 왔으니 괜찮다. 그자가 무슨 짓을 저지를지 모른다. 반드시 막아야 해."

주저하던 장영실은 어서 가라는 아버지의 단호한 눈빛에 이끌려 고개를 끄덕거렸다.

"돌아와서 뵙겠습니다."

문을 열고 나가려던 장영실은 아버지가 부르는 소리에 고개를 돌렸다. 이쪽을 바라보는 아버지가 마지막 힘을 쥐어짜 낸 목소리로 말했다.

"거제도에 네 이복여동생이 살고 있다. 장연실이라고 한다. 가서 내가 돌봐 주지 못해서 미안했다는 말을 꼭 전해다오."

"그럴게요. 아버지."

아들의 다짐을 들은 아버지가 힘없이 고개를 끄덕거렸다.

"잘 자라 줘서 고맙다. 아들아."

아버지의 마지막이 멀지 않았음을 직감한 장영실은 아랫입술을 깨물고 밖으로 나갔다.

백성을 위한 시간

상마연은 평온하게 진행되었다. 이원빈은 무표정한 얼굴로 앉아서 앞에 놓인 차와 음식을 먹었고, 임금 역시 별다른 말이 없었다. 기생의 춤이 끝나자 잠자코 있던 이원빈이 입을 열었다.

"전하의 시간은 무엇입니까?"

뜻밖의 질문에 배석한 신하들은 영문을 모른 채 서로의 얼굴을 바라봤다. 잠시 생각하던 임금이 대답했다.

"과인의 시간은 백성일세."

"어째서 그렇습니까?"

"과인은 아침에 눈을 뜰 때부터 저녁에 눈을 감을 때까지 늘 백성을 생각한다네. 그러니 나의 시간은 곧 백성이지 않겠는가?"

임금의 대답을 들은 이원빈이 얼굴에 잔잔한 미소를 띠었다.

"참으로 탁월하신 대답입니다."

"그렇다면 자네의 시간은 무엇인가?"

임금의 질문에 이원빈이 굳은 표정으로 대답했다.

"저의 시간은 고통입니다. 전하."

"고통이라니?"

"눈앞에서 부모와 형제가 배고픔으로 굶주려 죽은 것이 저의 시간이었고, 살고자 스스로 고환을 베어 내 남자 구실을 포기한 것이 시간이었으며, 머나먼 명나라로 가야만 했던 것 또한 저의 시간이었습니다."

차갑고 냉담한 시간이 흘렀다. 곤룡포를 추스른 임금이 말했다.

"참으로 안타까운 일이네만, 시간은 과거에만 머물 수는 없네. 지배당해서는 더더욱 아니 되고."

"전하가 그 고통을 어찌 아시겠습니까?"

"물론 모른다네. 하지만 경험해 보지 못했다고 느끼지 못하는 건 아니지 않겠는가? 과인은 태어나서 밥을 굶어 본 적이 없네. 하지만 밥을 굶은 사람을 본 적은 많이 있지. 그들에게 밥 한 그릇을 먹게 해 주는 게 과인의 시간이자 일이라네."

"그래도 전하의 시간을 갖는 건 상국이 용납하지 않을 겁니다."

"과인의 시간이 아니라 백성의 시간일세. 자네는 농사를 지을 때 계절과 날짜를 맞추는 게 얼마나 중요한지 생각해 본 적이 있는가? 동지사(冬至使)*가 명나라에서 책력을 받아와 인쇄를 해서 배포하면 항상 늦는다네."

---

* 동짓날에 조선에서 명나라로 가는 사신

"그렇다고 해도 황제께서 아시면 가만 있지 않으실 겁니다."

"두렵지 않네."

"정녕 무얼 믿고 그리 오만방자하게 구십니까!"

이원빈의 일갈에 분위기는 순식간에 싸늘해졌다. 하지만 임금은 태연하게 대답했다.

"과인의 뒤에는 백성이 있네. 명나라가 상국이고 사대의 의리로 대해야 하는 것은 맞지만, 백성을 괴롭게 하면서까지 섬길 생각은 없네. 공녀와 매를 바치는 것으로 과인의 마음은 충분히 보이고 있지. 얼마 전에 이곳에서 명나라로 떠나는 처녀들의 송별연이 열렸네. 날씨가 맑고 고요한데 처녀들이 우는 소리만 들렸지. 그때 그 소리를 듣고 과인은 눈물을 참느라 힘들었네."

"전하!"

"그러니 과인과 백성의 시간을 빼앗지 말게. 결단코 그것은 명나라에 반항하고자 함이 아니네."

"사대의 예는 그 나라의 역법을 받아들이는 것에서 시작됩니다."

"과인의 마음을 충분히 보여 줬다고 생각하네. 그대가 아무리 과인을 핍박한다고 해도 소용없을 것이야."

"황제께 보고할 것입니다."

"그럼 과인은 황제에게 사신을 보내서 항의할 것이네. 사사로운 원한에 휩싸인 사신이 터무니없는 모함을 했다고 말이야. 그러면 황제가 또 다른 사신을 보내서 확인하겠지. 누가 이기는 싸움인지 진정 해 볼 생각인가? 이게 애통하게 굶어 죽은 자네 가족들을 위한 길인가?"

임금의 말에 이원빈이 애써 침착함을 유지했다.

"지금으로부터 수십 년 전에 한 무리의 장인들이 강남을 떠나 조선으로 왔지요. 그들은 대부분 명나라가 해외로 전파하지 않은 기술들을 가지고 있었습니다. 조선은 그들을 몰래 빼내 데리고 왔고, 기생들을 붙여서 혼인을 시키고 정착하게 했습니다. 홍무제께서 그 사실을 알고 사신을 보내 책망하자 사신에게 뇌물을 주고 그들을 숨겼던 사실이 있습니다. 이번 일과 그때 일을 함께 엮어서 고한다면 과연 황제께서 전하의 말에 귀를 기울이시겠습니까?"

"그 사실을 입증할 수 있겠는가?"

"못 할 건 없지요. 대부분 병들거나 늙어 죽었지만 한 명이 남아 있습니다."

이원빈의 자신만만한 말에 경회루에는 싸늘한 침묵이 흘렀다. 그때 계단을 오르는 소리와 함께 이천의 목소리가 들렸다.

"이제 그 사람도 남아 있지 않소이다."

고개를 돌린 이원빈이 쏘아붙였다.

"그게 무슨 얘기냐?"

한숨을 쉰 이천이 대답했다.

"그 사람은 당신의 핍박을 받고 밤새 번뇌하다가 화약에 불을 붙여 스스로 목숨을 끊었소이다."

"네놈이 죽여 놓고 발뺌을 하는 것이 아니고?"

이원빈이 이죽거리자 이천의 뒤를 따라 경회루에 올라온 장영실이 말했다.

"내가 증인이오."

"네놈은 또 누구냐?"

"대호군 장영실이다. 죽은 원나라 장인 테칸토무르, 아니 장성휘의 아들이기도 하다."

믿기지 않는다는 표정으로 바라보던 이원빈은 부하가 다가와 귓속말을 속삭이자 파랗게 질리고 말았다.

"뭐라고! 내가 잘 감시하라고 하지 않았더냐!"

그제야 말실수를 했다는 걸 눈치 챈 이원빈이 입을 다물었지만 이미 늦고 말았다.

궁지에 몰린 이원빈이 자리에서 일어났다.

"전하! 이 정도로 포기할 줄 아셨습니까?"

부하가 가지고 있던 짧은 곤봉을 빼앗은 이원빈이 배석한 신하들을 밀치고 경회루의 계단 아래로 내려갔다. 그가 향하는 곳을 바라보던 장영실이 이천에게 외쳤다.

"저자가 보루각으로 갑니다."

"어서 가세."

서둘러 계단을 내려간 두 사람은 이원빈의 뒤를 쫓았다.

어리둥절해하는 환관들을 밀치고 보루각으로 뛰어간 이원빈은 곤봉으로 자물쇠를 부쉈다. 뒤따라 간 장영실이 붙잡았지만 떠밀리고 말았다. 문을 열고 들어간 이원빈을 따라 장영실과 이천도 안으로 들어갔다. 장영실은 자격루로 다가가는 이원빈을 뒤에서 힘껏 붙잡은 채 외쳤다.

"저걸 보시오. 저게 전하와 내가 힘을 합쳐 만든 시간이외다."

두 사람이 몸싸움을 하는 사이 시간이 다 되었는지 자격루가 작동했다. 잣대가 밀어 올린 쇠구슬이 구리통 안으로 떨어져서 굴러갔다. 횡목이 움직이면서 나무인형이 한 손을 움직여 북을 쳤다. 그러면서 네모난 칸 안에 있던 인형이 저절로 바뀌었다. 그걸 본 이원빈이 어이없다는 표정으로 중얼거렸다.

"쇠구슬 하나 가지고 어찌 저렇게 작동한단 말인가?"

"몇 년 동안 수많은 사람들이 힘을 합쳐 만들었소. 백성에게 정확한 시간과 하늘을 알려 주려고 말이오."

장영실의 말을 들은 이원빈이 몸부림을 쳐서 빠져나왔다. 그리고 보루각 안으로 들어선 임금에게 외쳤다.

"감히 제후국 주제에 스스로의 시간을 가지겠다는 말입니까?"

이원빈의 말에 장영실이 끼어들었다.

"천자의 하늘이 조선의 백성까지 어루만져 주지 못한다면 마땅히 우리의 것을 찾아야지요."

"무엄하도다!"

이원빈이 버럭 소리를 질렀지만 장영실도 지지 않고 맞섰다.

"군주니 제후국이니 하는 눈에 보이지 않는 자존심 때문에 백성이 고통을 받습니다. 당신 아버지도 그런 고통을 겪다가 돌아가셨고, 당신도 그걸 이기지 못하고 스스로 환관이 되어서 명나라로 간 것이 아닙니까?"

장영실의 말에 이원빈은 화가 머리끝까지 치밀어 올랐는지 괴성을 지르며 자격루로 다가갔다. 그리고 손에 쥔 곤봉으로 자격루를 부수려고 했다. 그때 장영실이 냉랭하게 외쳤다.

  "얼마든지 부숴버리십시오. 그때마다 다시 만들면 되니까요."

  그러자 이원빈은 곤봉 안에 감춰진 칼을 뽑아 들고 장영실에게 다가가 목에 겨눴다.

  "그럼 네놈을 죽이면 되겠구나."

  장영실은 가볍게 웃으면서 대답했다.

  "설계도를 남겨 놨습니다. 날 죽여도 자격루와 또 다른 장영실은 계속 나올 것입니다."

  "네놈의 아버지는 원나라 사람이고, 어머니는 천대받는 기생이었다. 그런데 뭐가 좋다고 이 나라를 위해서 일을 하느냐? 차라리 나와 함께 명나라로 가는 것은 어떻겠느냐? 네 실력이라면 충분히 출세할 수 있을 것이다."

  이원빈의 말에 장영실은 고개를 저었다.

  "아버지는 비록 원나라에서 태어났지만 조선 사람으로 죽었습니다. 저도 아버지처럼 조선 사람으로서 살다가 갈 것입니다."

  "조선의 하늘과 시간이 너에게 그리 소중한 존재이더냐?"

  "백성을 위한 것이니까요. 백성이 농사를 지어서 풍요롭게 살 수 있고, 시간을 확인하면서 일을 할 수 있다면 지금보다 더 편리한 삶을 살 수 있지 않겠습니까?"

  단호한 장영실의 말에 이원빈은 목에 겨눴던 칼을 내렸다. 그러고는 임금과 이천, 장영실을 번갈아 바라보다가 희미한 웃음과 함께 입을 열었다.

"나, 명나라 환관 이원빈은 밀명을 받고 사신으로 와서 조선을 탐문하였도다. 제후국이 감히 독자적인 시간과 역법을 창조한 것이 아닐까 의심했지만, 살펴본 바에 의하면 모두 낭설에 불과하였다. 조선의 하늘과 시간은 존재하지 않는다."

독백인지 고백인지 알 수 없는 말을 한 이원빈은 칼을 떨어뜨리고 보루각 밖으로 나갔다. 그리고 문을 열고 나가기 전에 임금을 바라봤다.

"이리 보고하겠지만 황제가 워낙 의심이 많기 때문에 누군가를 보내서 따로 조사할 수도 있습니다. 그러니 보루각과 간의대를 명나라 사신이 볼 수 없는 곳으로 치우도록 하십시오."

"그리하지."

"아울러 이 물시계를 만드는 데 관여한 사람들은 모두 한양을 떠나게 하십시오. 혹여나 뒤에 오는 사신들이 탐문을 하다가 발각될 수 있으니까 말입니다."

얘기를 마친 이원빈이 보루각 밖으로 사라졌다. 장영실이 참았던 한숨을 내쉬면서 자격루를 바라봤다.

명나라 사신 이원빈이 돌아간 이후, 공조의 다시청에서 만난 이천이 장영실에게 말했다.

"예전에도 이런 일이 있었다네."

"이런 일이라니요?"

"이십 년 전에 명나라 사신이 자국에서 건너간 기술자들의 명단을 내놓고 이들을 모두 데려가겠다고 한 적이 있었지. 뇌물로 겨우 무마를 하고 그들을 모두 잠적시켰다네. 나는 그렇게 흩어진 기술자들을 보호하는 일을 맡았지."

"그래서 제 아버지도 오랫동안 군기감의 장인 황대만으로 살아가셨군요."

"방법이 없었다네. 언제 저들이 그 문제를 언급할지 몰라서 말이야. 자네 아버지는 이천에 내려갔다가 얼마 후에 황대만으로 이름을 바꾸고 올라왔네."

"그런 사연이 있었군요."

"그래서 자네가 한양에 올라오고 곁에서 지켜보면서도 선뜻 나서지 못했지. 혹시나 자신의 존재가 아들에게 짐이 될까 봐 말이야."

"그러다가 명나라 사신에게 정체가 들통난 것을 우려해 목숨을 끊으신 거고요."

"자네 아버지는 비록 원나라에서 건너왔다고는 하지만 그 누구보다 조선을 사랑했다네. 그래서 해가 되는 것을 견디지 못하셨지. 그리고 사라진 기술자 중 한 명은 동래 관아로 내려갔다네."

이천의 말을 들은 장영실은 뒤통수를 한 대 맞은 것 같은 기분이었다.

"그 기술자가 곽 씨 할아버지였나요?"

고개를 끄덕인 이천이 이야기를 이어 갔다.

"자네 어머니는 몰랐지만 아버지와 곽무생은 계속 연락을 취했다네. 그러면서 자네 소식도 들었고 말이야."

"그럼 통신사로 오신 것은······."

"그것과 기리고차가 고장 난 것은 별개일세. 물론 곽무생에게 고쳐 달라고 부탁할 생각이었지만, 뜻밖에도 자네가 나타났던 거지. 나도 자네가 황대만의 아들이라는 것은 나중에 알았다네."

"절 아버지처럼 잘 돌봐 주셨습니다."

"두 사람은 절친한 사이였지."

빙그레 웃은 이천이 차를 한 모금 마셨다.

"명나라는 우리가 독자적인 하늘과 시간을 갖는 걸 두려워하네. 이번에는 어떻게 잘 넘어갔지만 앞으로는 모를 일이야. 이제 우리가 시간 속으로 사라져야 할 때라네."

"제 아버지처럼 말입니까?"

"그냥 사라지면 그것도 문제가 된다네. 그러니까 자네는 임금께 불충한 죄를 저질러서 처벌을 받고 쫓겨나야 하고, 나 역시 임금을 제대로 모시지 못해 외직으로 좌천될 것일세."

시원섭섭한 기분이 든 장영실이 물었다.

"우리가 사라져도 이룩해 놓은 것들은 사라지지 않을까요?"

"보루각과 간의대는 경복궁 후원으로 옮겨질 것이네. 눈에 띄지 않겠지만 사라지지는 않을 걸세."

"그렇다면 다행이네요."

"의표창제는 어쩌면 임금께서 그리시는 더 큰 그림의 바탕일지도 모른다는 생각이 드네."

"더 큰 그림이요?"

장영실의 반문에 이천은 말없이 찻잔을 응시했다.

"뭔지 모르겠지만 말이야. 어쨌든 임금께서 품으시는 큰 뜻의 끝에는 백성이 있다네. 신하 된 도리로 마땅히 따라야 하고, 그런 임금 밑에서 신하 노릇을 하고 있다는 걸 행복하게 여겨야지."

"저도 그런 마음을 품고 고향으로 돌아가겠습니다."

장영실의 이야기를 들은 이천이 자리에서 일어났다.

"아마 이것이 자네와 나의 마지막 만남이 될 걸세. 그동안 참으로 고마웠네. 자네가 아니었다면 결코 우리만의 하늘과 시간을 찾지 못했을 것이야."

이천이 진심이 담긴 눈빛으로 고개를 숙여 인사했다.

집으로 돌아온 장영실은 어머니에게 아버지에 대해 말했다. 넋이 나간 어머니는 맨발로 아버지의 집으로 뛰어갔다. 하지만 장영실 가족이 도착했을 때 아버지의 몸은 이미 싸늘하게 식어 있었다. 아버지의 시신 위에 몸을 던진 어머니가 오열했다.

"아이고, 이렇게 코앞에서 있었으면서 뭐가 무섭다고 숨어 살았어요."

마당에 선 장영실은 아무 말도 못하고 참았던 눈물을 쏟았다.

장영실의 시간

 의금부 판사가 임금에게 고하였다.

 "전하, 안여(安輿, 임금이 타는 수레)를 감독하여 튼튼하게 제조해야 함
에도 견고하게 만들지 못하였던 죄를 장영실이 자백하였사옵니다.
형률에 의거하여 곤장 100대를 치도록 하겠사옵니다. 아울러 장영
실에게 안여가 튼튼하지 않은 것을 보고도 아무런 문제가 없다고
허위로 알린 조순생도 형률에 의거하여 곤장 80대를 치겠사옵니
다."

 옥좌에 앉아 집현전에서 올린 문서를 살펴보던 임금이 대답했다.

 "장영실은 죄를 감하여 도성 밖으로 추방하고, 조순생은 방면하
도록 하라."

 "하오나 전하!"

 "앞으로 이 일에 대해서는 일절 보고하지 말고 논하지 마라. 어
명이다."

칼로 내리치는 것같이 단호한 임금의 말에 의금부 판사는 고개를 조아렸다.

참으로 괴상한 사건이었다. 안여가 파손되었다고 했는데 목격한 것은 세자뿐이었다. 감히 세자를 조사할 수 없으니 환관에게 전달받은 내용으로 조사를 했다. 그런데 장영실은 순순히 죄를 자백했고, 조순생은 자신이 안여가 튼튼하지 못한 것을 알고도 거짓으로 고했다고 털어 놨다. 둘의 증언이 다르니 마땅히 엄밀하게 조사해야 하지만, 어찌 된 일인지 임금은 그냥 덮어 두라고만 했다. 이상했지만 어명이라는 단호한 말에 더 이상 어찌해 볼 생각을 접었다.

의금부 판사가 사정전을 나간 후 임금은 피로한지 잠시 책에서 시선을 떼고 눈을 질끈 감았다. 그러고는 나지막하게 중얼거렸다.

"우리나라 말이 중국 한자와 달라 뜻이 서로 통하지 않아 백성이 제 뜻을 마음대로 펼쳐 보이지 못하니 참으로 안타까운 일이지."

떠날 차비를 모두 마친 장영실은 혼자만의 시간을 갖고자 밖으로 나갔다. 어디로 갈지 정하지 않았지만, 발걸음은 자연스럽게 앙부일구가 놓인 혜정교로 향했다. 중학천이 흐르는 개천 위를 가로지르는 혜정교는 육조거리 근처였기 때문에 관가다리라고도 불렀다. 운종가와 붙어 있어 장사꾼들은 물론, 물건을 사려고 오는 사람들의 발걸음이 적지 않게 혜정교를 지나갔다. 그래서 해시계를 설치해 놓은 것이다.

　혜정교 난간에 기대앉은 장영실은 다리 어귀에 놓인 앙부일구를 바라봤다. 적지 않은 사람들이 앙부일구를 보며 시간을 확인하는 것을 볼 수 있었다. 어떤 사람은 늦었다면서 서두르기도 했고, 어떤 이는 아직 여유가 있다면서 발걸음을 늦추기도 했다. 바쁘게 걷던 아낙네들도 발걸음을 멈추고 앙부일구를 들여다보면서 언제 짐채(조선 초기 김치를 지칭하는 말로 추정. 침채나 딤채라고도 불렀다)를 담글지 가늠하기도 했다. 그 모습을 하염없이 바라보던 장영실의 어깨를 누군가가 두드렸다. 고개를 돌리자 허리가 굽은 노파가 서 있었다.

　"젊은이, 나 좀 도와줘."

　"네, 할머니."

　노파는 장영실을 데리고 앙부일구가 있는 곳으로 갔다.

　"여기 이게 시간을 알려 준다고 하던데 까막눈이라 어찌 봐야 할지 모르겠어."

　빙그레 웃은 장영실은 노파에게 차근차근 설명해 줬다.

　"여기 한쪽에 불룩 솟아 나온 바늘 맞은편에 위아래로 그어진 선 보이시죠? 이게 시간을 나타내는 선이에요."

　"이거 일곱 개로 난 거 말이야?"

　"네. 이쪽부터 묘시(卯時, 오전 5시부터 7시), 진시(辰時, 오전 7시부터 9시), 사시(巳時, 오전 9시부터 11시), 오시(午時, 오전 11시부터 오후 1시), 미시(未時, 오후 1시부터 3시), 신시(申時, 오후 3시부터 5시), 마지막 선이 유시(酉時, 오후 5시부터 7시)를 가리키는 거예요."

"그다음 시간은?"

노파의 반문에 장영실은 고개를 들어서 하늘을 바라봤다.

"이건 해가 떠 있어야만 시간을 젤 수 있는 해시계라서요. 밤중에는 쓸모가 없어요."

"그렇군. 근데 좌우로 금이 그어져 있는 건 뭐야?"

"이거요? 이건 절기를 나타내는 선입니다."

"이걸로 절기를 어떻게 안다는 거야?"

"여기 바늘처럼 생긴 걸 시표(時標)라고 하거든요. 이게 선에 닿는 걸로 알 수 있어요. 위쪽에 있는 건 동지(冬至)고, 아래쪽에 있는 건 하지(夏至)를 가리켜요. 하지 때는 해가 높이 떠서 그림자가 짧고요, 동지 때는 해가 낮게 떠서 반대로 그림자가 길게 져서 이렇게 만든 거예요."

"그러니까 이걸 보면 시간이랑 계절도 알 수 있구먼."

"맞습니다."

"잘 알겠네. 누가 이런 편리한 걸 만들었누. 고맙게 말이야."

노파가 사라진 다음에도 장영실은 한참 그 자리를 지키고 있었다. 한양을 떠나야만 하는 상황에서 남아 있던 일말의 미련이 후련함으로 바뀌어 갔다. 오가는 사람들이 앙부일구를 보며 시간을 맞추고 계절을 가늠하는 모습들을 지켜보던 장영실은 집으로 돌아갔다.

서대문 밖 경기감영 앞에서 기다리고 있던 장영실은 큰 깃발을 앞세운 신임 평안도도절제사 행렬을 바라봤다. 깃발과 무기를 든 병사를 뒤이어 말에 탄 도절제사 이천이 위풍당당한 모습으로 지나갔다. 백성 가운데 서 있던 장영실은 고개를 들어 이천을 바라봤다. 주변을 살펴보던 이천은 장영실의 모습을 보더니 가볍게 고개를 끄덕거려서 아는 척을 했다. 장영실도 고개를 숙여 마지막 작별인사를 했다.

　기나긴 도절제사의 행렬이 끝나자 구경꾼들은 제각각 흩어졌다. 장영실도 길가에 기다리고 있는 가족에게 돌아왔다. 분이가 들고 있던 등짐을 짊어진 장영실이 어머니에게 말했다.

　"이제 가시지요. 어머니."

　"그러자꾸나. 오랜만에 고향에 내려가는데 얼마나 변했을지 궁금하네."

　어머니가 앞장서 걸으면서 네 사람은 조금씩 한양에서 멀어졌다. 다행히 이천이 손을 써 줘서 제물포에서 출발하는 조운선을 타고 동래로 내려갈 수 있었다. 가다가 거제도에 들러서 장연실이라는 이복여동생을 만나 볼 생각이었다. 한 번도 만난 적이 없지만 같은 아버지를 뒀다는 기억을 공유할 수 있을 거 같았다.

　한참을 걷던 장영실은 고개를 돌려 한양을 바라봤다. 높다란 성벽과 치솟은 서대문의 누각이 보였다. 걸음을 멈춘 장영실에게 분이가 물었다.

"왜, 아쉬워?"

"아쉽다기보다는 기억해 두려고."

"그래도 좋은 기억만 가지고 가잖아. 아버지도 만났고, 노비 신세에서도 벗어났고."

"그것도 그렇지만 사람들에게 하늘과 시간을 찾아 준 걸 더 기억하고 싶어."

하늘을 잠깐 올려다본 장영실은 고개를 돌려 분이를 바라보고 활짝 웃었다. 그리고 그의 시간을 향해 걸어갔다.

참고 문헌

단행본

김승제, 《첩자열전(정보를 지배하는 자가 세상을 얻는다)》, 토담미디어, 2014

남문현, 《장영실과 자격루》, 서울대학교 출판부, 2002

맞닿음, 《조선과학실록》, 여운, 2014

서신혜, 《조선의 승부사들: 열정과 집념으로 운명을 돌파한 사람들》, 역사의 아침, 2008

이상각, 《조선팔천-나도 사람이 되고 싶다》, 서해문집, 2011

이한, 《나는 조선이다-조선의 태평성대를 이룩한 임금 세종》, 청아출판사, 2007

전상운, 《한국과학사》, 사이언스 북스, 2000

한국생활사박물관 편찬위원회, 《한국생활사박물관9-조선생활관1》, 사계절, 2012

허인욱, 《옛 그림 속 양반의 한평생》, 돌베개, 2012

논문

김성진, 〈記錄文에 대한 想像的 接近의 일례: 장영실 관련 기록을 중심으로〉, 〈동양한문학 연구〉 제27집, 2008

김상혁, 〈세종대(世宗代) 해시계의 구조(構造)와 용법(用法)에 대한 연구(硏究)〉, 〈충북사학〉 19권, 2007

박신석, 〈자격루와 시각측정 이야기〉, 〈측정표준〉 제25권 제5호, 2002

서준, 〈자격루 복원 과정과 의의〉, 〈고궁문화〉 창간호, 2007

이용삼, 김상혁, 〈세종 시대 간의대와 천문관측 의기 설치〉, 〈한국우주과학회보〉
제9권 1호, 한국우주과학회, 2000

장경채, 〈장영실 관련 기록문에 대한 상상적 접근〉, 〈지역사회 통권〉 제66회,
2012

정연식, 〈조선 시대 관천대와 일영대의 연혁: 창경궁 일영대와 관련하여〉, 〈한국
문화〉 제51집, 2010

조하만, 김상원, 전영신, 박혜영, 강우정, 〈조선 시대 측우기 등장과 우량관측망
에 관한 역사적 고찰(1392-1910)〉, 〈한국기상학회 학술대회 논문집〉,
2015

한영호, 〈조선의 경루법〉, 〈동방학지〉 Vol.143, 2008

기타

조선왕조실록 : sillok.history.go.kr

* 스포일러가 될 수 있기 때문에 가급적 본문을 다 읽은 후에 봐 주시기 바랍니다.

- 《조선왕조실록》에는 장영실의 아버지가 원나라 출신이고 어머니가 기생이라고 나와 있다. 따라서 장영실의 신분은 노비였고, 자격루 등을 개발한 공로를 인정받아 면천되고 관직을 하사받는 것으로 나온다. 하지만 장영실의 집안인 아산 장씨의 족보에서는 아버지 장성휘가 송나라에서 건너온 장서의 8대손으로 전서 벼슬을 했다고 한다. 소설에서는 작가적 상상력을 발휘하고자 《조선왕조실록》의 기록을 중점적으로 채택했다.

- 장영실의 어린 시절에 대한 기록은 찾아볼 수 없다. 따라서 오작인으로 일했다는 것은 전적으로 작가의 창작이다.

- 본문에 나오는 일화들은 대부분 실록에 등장하지만, 시간대가 맞지 않는 경우가 있다. 소설적 구성을 위해 시간 배열을 바꾼 것이다. 실제로 장영실은 태종 때부터 이미 조정의 일을 하고 있었다.

- 기리고차는 《조선왕조실록》 세종 23년(1441) 3월 17일자 기록에 처음 나온다. 하지만 그전부터 사용되었을 가능성이 매우 높다. 일본으로 가는 통신사 일행이 기리고차를 사용했다는 기록은 존재하지 않는다.

- 통신사라는 명칭은 태종 13년(1413)에 처음 사용되었다. 첫 통신사인 박분은

중간에 병이 나서 일본으로 건너가지 못했다. 따라서 장영실이 동래 관아에서 일할 때 통신사 일행과 만났는지 여부는 확실하지 않다. 또한 이천이 통신사 일행으로 따라갔다는 것도 전적으로 작가의 창작이다.

- 야마사기는 실존 인물이고, 대마도주가 송환을 요구한 것도 사실이다. 하지만 실제 송환 요구는 세종 27년(1445)의 일로, 소설적 구성으로 발생 시기를 앞당겼다.

- 내이포는 왜인들의 체류를 허락한 곳이 맞지만 세종 25년(1443) 계해약조로 개항되었다. 즉 이 시기에는 개항되지 않았던 곳이다. 소설적 구성을 위해 시기를 앞당겼다.

- 의표창제, 혹은 간의대 사업이라고 불리는 일련의 작업들이 진행된 것은 세종 14년(1432)부터이다. 장영실이 명나라 유학에서 돌아온 직후에 시작되었다는 것은 전적으로 작가의 창작이다. 의표창제라는 말은 《장영실과 자격루》의 저자 남문현 교수가 맨 처음 사용한 것으로 보인다.

- 회회인이라고 불리는 무슬림들은 조선 초기에 한양과 개성에 거주했다. 장영실이 이들과 만났거나 함께 일했다는 기록은 찾아볼 수 없다. 하지만 자격루를 만들 때 무슬림이 만든 물시계를 참고했다면 만났을 가능성도 배제할 수는 없다. 회회인들은 주로 수정 캐는 일을 했으며, 국가에서 정기적으로 곡식을 지급받았다. 세종 9년(1427)에 전통의상을 입지 말라는 금지령이 내려지기 전까지는 전통복장을 고수했기 때문에 여러모로 눈에 띄는 존재였을 것이다.

- 장영실은 경상도채방별감으로 임명되어 해당 지역의 광물들을 채취한 적이 있다. 회회사문 도로 역시 태종 시기에 경상도 지역에서 수정을 캔 적이 있었기 때문에 그가 남긴 기술을 직간접적으로 전수받았을 가능성을 배제할 수 없다.

- 종루는 장영실이 활동했던 시기에 세워졌다. 지금의 보신각은 아니었으며, 2층 형태로 만들어졌고, 아래층이 사방으로 뚫려 사람들이 오갈 수 있었다. 이렇게 사방이 트인 형태로 만들어진 것은 세종 22년인 서기 1440년으로, 장영실이 명나라 유학에서 다녀온 직후보다는 훨씬 후의 일이다.

- 물시계인 경루는 원래 종루 옆의 금루방이라는 관청에 설치되어 있었다.

- 경점지기는 정식 명칭이 아니며, '경점을 알리는 기구'라는 실록의 문구를 그대로 가져다 쓴 것이다. 참고로 실록에서 이 기구를 장영실이 만들었다는 부분을 찾아볼 수 없다. 하지만 대부분의 학자들은 제작 시기 등을 감안하여 장영실이 개발했거나 혹은 개발에 관여했을 것으로 추측한다.

- 세종 24년(1442) 12월, 세종은 이궁을 짓는다는 이유로 간의대의 위치를 옮기도록 했다. 신하들이 계속 반대하자 세종은 간의대가 명나라 사신이 오가는 경회루 근처에 있어 옮기려 했다고 답한다. 의표창제를 둘러싸고 명나라와의 갈등이 벌어질 수 있다는 점을 계속 신경 썼던 것으로 보인다. 그리고 이는 장영실이 가마를 제대로 만들지 못했다는 이유로 처벌받은 지 9개월 만의 일이라 깊은 연관이 있는 것으로 보는 학자들도 있다.

- 장영실은 자격루를 만들기 이전에 이미 상의원 별좌였다. 따라서 자격루를 만

들고 호군에 임명되면서 면천된 것이 아니라 그 이전에 면천되었다.

- 자격루가 완성된 후 의정부의 건의에 따라 궁궐 밖에 몇 군데 종을 치는 장소를 마련하고, 자격루가 작동하면 그에 맞춰서 종을 쳤다.

- 혼천의는 자격루와 옥루가 만들어지기 전인 세종 14년(1432)에 만들어졌다. 앙부일구 역시 자격루가 완성되기 전인 세종 16년(1434)에 만들어졌다. 소설적인 구성을 위해 완성 시기를 뒤바꿨다.

- 《칠정산》은 세종 26년(1444)에 이순지와 김담 등이 만든 독자적인 역법서다. 장영실이 추방된 이후 만들어진 것이지만, 소설적인 구성을 위해 완성 시기를 앞당겼다.

- 《훈민정음》은 장영실이 쫓겨나고 간의대가 옮겨진 다음 해인 세종 25년(1443)에 만들어졌다. 천문 관측기기와 각종 시간 측정기기를 완성하고 역법을 정리한 후에 이뤄진 것이다. 어떤 연관성이 있으리라는 추측이 가능하다.

- 이천이 평안도도절제사로 나간 것은 세종 18년(1436)의 일이다. 다음 해 병사들을 이끌고 파저강의 야인을 토벌하는 작전을 펼쳤다.

- 안여 사건으로 처벌당한 장영실의 이후 행적은 밝혀지지 않고 있다.